15일 완성

JLPT

한 권으로 끝내는

합격해
VOCA

N1

KB047101

S 시원스쿨닷컴

15일 완성 JLPT 합격해VOCA N1

초판 1쇄 발행 2023년 9월 27일

지은이 시원스쿨어학연구소
펴낸곳 (주)에스제이더블유인터내셔널
펴낸이 양홍걸 이시원

홈페이지 www.siwonschool.com
주소 서울시 영등포구 국회대로74길 12 시원스쿨
교재 구입 문의 02)2014-8151
고객센터 02)6409-0878

ISBN 979-11-6150-737-8 10730
Number 1-311414-22222200-08

합격해VOCA의

가장 쉬운 활용 가이드

시원스쿨 일본어 홈페이지
공부자료실 바로가기

단어 쪽지 시험 PDF

원어민 전체 음원 MP3

※ 위 학습 부가 자료들은 시원스쿨 일본어 홈페이지(japan.siwonschool.com)의 수강신청 ▶
교재/MP3 와 학습지원센터 ▶ 공부자료실 에서도 다운로드할 수 있습니다.

목차

제1장 일본어 + 한국어 VOCA

제2장 한국어 + 일본어 VOCA

이 책의 구성 및 특징

제1장 오십음도 순 일본어 + 한국어 VOCA 학습

제1장
**일본어＋한국어
VOCA**

제2장 가나다 순 한국어 + 일본어 VOCA 학습

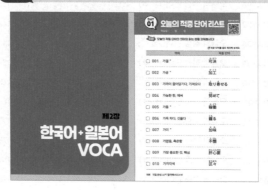

제2장
**한국어＋일본어
VOCA**

단어　JLPT 필수 단어 학습

★ 표로
중요도 표시!

퀴즈　DAY별 퀴즈를 풀어보며 암기한 단어 복습

JLPT 챌린지 _____의 읽는 법으로 가장 알맞은 것을 1·2·3·4에서 하나 고르세요.

① 顔に安堵の色が浮かぶ。 얼굴에 안도의 빛이 떠오르다.

  1 あんと   2 あんとう   3 あんど   4 あんどう

② 昨日の彼の態度は、実に潔いものだった。

  어제 그의 태도는 참으로 결백했다.

  1 きよい   2 とうとい   3 いさぎよい   4 こころよい

부가 자료   원어민 MP3와 단어 쪽지 시험 PDF로 셀프 체크

원어민 MP3를 들으며 단어를 반복해서 암기할 수 있고, DAY별 단어 쪽지 시험으로
실력을 탄탄하게 다질 수 있습니다.

15일 완성 학습 플랜

일자	학습 내용	학습일		데일리 체크
1일차	제1장 DAY01	월	일	☐ 001 ~ 050
2일차	제1장 DAY02	월	일	☐ 051 ~ 100
3일차	제1장 DAY03	월	일	☐ 101 ~ 150
4일차	제1장 DAY04	월	일	☐ 151 ~ 200
5일차	제1장 DAY05	월	일	☐ 201 ~ 250
1~5일차 단어 복습(PDF 제공)				
6일차	제1장 DAY06	월	일	☐ 251 ~ 300
7일차	제1장 DAY07	월	일	☐ 301 ~ 350
8일차	제1장 DAY08	월	일	☐ 351 ~ 400
9일차	제1장 DAY09	월	일	☐ 401 ~ 450
10일차	제1장 DAY10	월	일	☐ 451 ~ 500
6~10일차 단어 복습(PDF 제공)				
11일차	제1장 DAY11	월	일	☐ 501 ~ 550
12일차	제1장 DAY12	월	일	☐ 551 ~ 600
13일차	제1장 DAY13	월	일	☐ 601 ~ 650
14일차	제1장 DAY14	월	일	☐ 651 ~ 700
15일차	제1장 DAY15	월	일	☐ 701 ~ 750
11~15일차 단어 복습(PDF 제공)				

30일 완성 학습 플랜

일자	학습 내용	학습일		데일리 체크
1일차	제1장 DAY01	월	일	☐ 001 ~ 050
2일차	제1장 DAY02	월	일	☐ 051 ~ 100
3일차	제1장 DAY03	월	일	☐ 101 ~ 150
4일차	제1장 DAY04	월	일	☐ 151 ~ 200
5일차	제1장 DAY05	월	일	☐ 201 ~ 250
1~5일차 단어 복습(PDF 제공)				
6일차	제1장 DAY06	월	일	☐ 251 ~ 300
7일차	제1장 DAY07	월	일	☐ 301 ~ 350
8일차	제1장 DAY08	월	일	☐ 351 ~ 400
9일차	제1장 DAY09	월	일	☐ 401 ~ 450
10일차	제1장 DAY10	월	일	☐ 451 ~ 500
6~10일차 단어 복습(PDF 제공)				
11일차	제1장 DAY11	월	일	☐ 501 ~ 550
12일차	제1장 DAY12	월	일	☐ 551 ~ 600
13일차	제1장 DAY13	월	일	☐ 601 ~ 650
14일차	제1장 DAY14	월	일	☐ 651 ~ 700
15일차	제1장 DAY15	월	일	☐ 701 ~ 750
11~15일차 단어 복습(PDF 제공)				

일자	학습 내용	학습일		데일리 체크
16일차	제2장 DAY01	월	일	☐ 001 ~ 050
17일차	제2장 DAY02	월	일	☐ 051 ~ 100
18일차	제2장 DAY03	월	일	☐ 101 ~ 150
19일차	제2장 DAY04	월	일	☐ 151 ~ 200
20일차	제2장 DAY05	월	일	☐ 201 ~ 250
16~20일차 단어 복습(PDF 제공)				
21일차	제2장 DAY06	월	일	☐ 251 ~ 300
22일차	제2장 DAY07	월	일	☐ 301 ~ 350
23일차	제2장 DAY08	월	일	☐ 351 ~ 400
24일차	제2장 DAY09	월	일	☐ 401 ~ 450
25일차	제2장 DAY10	월	일	☐ 451 ~ 500
21~25일차 단어 복습(PDF 제공)				
26일차	제2장 DAY11	월	일	☐ 501 ~ 550
27일차	제2장 DAY12	월	일	☐ 551 ~ 600
28일차	제2장 DAY13	월	일	☐ 601 ~ 650
29일차	제2장 DAY14	월	일	☐ 651 ~ 700
30일차	제2장 DAY15	월	일	☐ 701 ~ 750
26~30일차 단어 복습(PDF 제공)				

N1

제1장

일본어+한국어
VOCA

도전! 오늘의 적중 단어의 읽는 법과 의미를 외워봅시다!

☑ 외운 단어를 셀프 체크해 보세요.

	적중 단어	의미
☐ 001	愛着 ★ _{あいちゃく}	애착
☐ 002	曖昧 _{あいまい}	애매
☐ 003	敢えて _あ	일부러, 굳이, 그다지
☐ 004	仰ぐ _{あお}	우러러보다
☐ 005	浅ましい _{あさ}	한심스럽다, 비열하다
☐ 006	欺く _{あざむ}	속이다
☐ 007	あざ笑う _{わら}	비웃다, 조소하다
☐ 008	値する ★ _{あたい}	가치가 있다
☐ 009	厚かましい ★ _{あつ}	뻔뻔스럽다
☐ 010	あっけない	어이없다

	적중 단어	의미
☐ 011	斡旋 あっせん	알선
☐ 012	誂える あつら	주문하다, 맞추다
☐ 013	あどけない ★	천진난만하다
☐ 014	操る あやつ	다루다, 조종하다
☐ 015	危ぶむ あや	위태로워하다, 걱정하다, 의심하다
☐ 016	誤る あやま	실수하다, 잘못하다
☐ 017	予め ★ あらかじ	미리, 사전에
☐ 018	ありありと ★	역력히
☐ 019	有様 ありさま	모양, 꼴, 상태
☐ 020	ありふれる ★	흔하다

	적중 단어	의미
☐ 021	淡い ★ あわ	진하지 않다, 희미하다
☐ 022	安静 ★ あんせい	안정
☐ 023	安堵 ★ あんど	안도
☐ 024	案の定 ★ あん じょう	예상대로
☐ 025	言い張る ★ い は	우기다
☐ 026	言い訳 い わけ	변명, 핑계
☐ 027	粋 いき	세련됨
☐ 028	意気込み ★ い き ご	의욕
☐ 029	幾多 いく た	수많이
☐ 030	潔い ★ いさぎよ	결백하다

	적중 단어	의미
☐ 031	意地 ★ いじ	고집
☐ 032	弄る いじ	만지다, 주무르다, 손대다
☐ 033	至って いた	극히, 매우, 대단히
☐ 034	一概に いちがい	일률적으로, 일괄적으로
☐ 035	一任 ★ いちにん	일임
☐ 036	一律 ★ いちりつ	일률
☐ 037	一環 ★ いっかん	일환, 꾸준히
☐ 038	逸材 ★ いつざい	뛰어난 인재
☐ 039	逸脱 ★ いつだつ	일탈
☐ 040	偽る ★ いつわ	속이다, 거짓말하다

あ

		적중 단어	의미
☐	041	糸口 ★ <small>いとぐち</small>	실마리, 단서
☐	042	暇 <small>いとま</small>	틈, 짬, 휴가
☐	043	いとも ★	매우, 대단히
☐	044	否む ★ <small>いな</small>	거절하다
☐	045	今更 ★ <small>いまさら</small>	이제 와서
☐	046	戒める ★ <small>いまし</small>	훈계하다
☐	047	癒される <small>いや</small>	치유되다, 힐링되다
☐	048	隠居 <small>いんきょ</small>	은거
☐	049	ウェイト ★	중점, 무게
☐	050	うすうす ★	희미하게, 어렴풋이

퀴즈1 적중 단어와 의미를 바르게 연결해 보세요.

① 淡い　　　　　　　　　　　　・ A 진하지 않다

② あどけない　　・　　　　　　・ B 우러러보다

③ 仰ぐ　　　　　・　　　　　　・ C 천진난만하다

퀴즈2 다음 적중 단어를 올바르게 읽은 것을 고르세요.

① 偽る 속이다, 거짓말하다　　A いつわる　　　B にせる

② 曖昧 애매　　　　　　　　　A あいみ　　　　B あいまい

③ 一概に 일률적으로　　　　　A いちがいに　　B いつがいに

JLPT 챌린지 　　　　의 읽는 법으로 가장 알맞은 것을 1·2·3·4에서 하나 고르세요.

① 顔に安堵の色が浮かぶ。　얼굴에 안도의 빛이 떠오르다.

1 あんと　　　2 あんとう　　　3 あんど　　　4 あんどう

② 昨日の彼の態度は、実に潔いものだった。
어제 그의 태도는 참으로 결백했다.

1 きよい　　　2 とうとい　　　3 いさぎよい　　　4 こころよい

3분 퀴즈 챌린지 정답 체크

퀴즈1 ①A②C③B　　　**퀴즈2** ①A②B③A　　　**JLPT 챌린지** ①3②3

오늘의 적중 단어 리스트

 도전! 오늘의 적중 단어의 읽는 법과 의미를 외워봅시다!

☑ 외운 단어를 셀프 체크해 보세요.

적중 단어	의미
☐ 051 打(う)ち切(き)る	중단하다, 자르다
☐ 052 打(う)ち込(こ)む ★	열중하다
☐ 053 内訳(うちわけ) ★	내역, 명세
☐ 054 うっとうしい	음울하다, 성가시다
☐ 055 腕前(うでまえ) ★	솜씨
☐ 056 裏付(うらづ)け ★	뒷받침, 확실한 증거
☐ 057 潤(うるお)う	습기를 띠다, 윤택하다
☐ 058 潤(うるお)す ★	윤택하게 하다
☐ 059 うろたえる ★	허둥대다
☐ 060 運搬(うんぱん)	운반

	적중 단어	의미
☐ 061	閲覧 ★ えつらん	열람
☐ 062	円滑 えんかつ	원활
☐ 063	婉曲 えんきょく	완곡
☐ 064	追い出す お だ	쫓아내다
☐ 065	生い立ち お た	성장, 자람
☐ 066	大筋 ★ おおすじ	대략, 요점
☐ 067	大まか おお	대범함, 대충
☐ 068	大らか おお	느긋함, 대범함
☐ 069	犯す おか	범하다, 저지르다
☐ 070	臆病 おくびょう	겁이 많음

あ

적중 단어	의미
☐ 071 厳か おごそ	엄숙함
☐ 072 怠る ★ おこた	게을리 하다, 소홀히 하다
☐ 073 幼馴染み おさ な じ	소꿉친구
☐ 074 押し切る お き	눌러 자르다, 강행하다, 무릅쓰다
☐ 075 襲う おそ	덮치다, 습격하다
☐ 076 恐れ入る おそ い	송구스러워하다, 항복하다
☐ 077 煽てる おだ	치켜세우다, 부추기다
☐ 078 穏やかだ ★ おだ	온화하다
☐ 079 おっかない	무섭다, 두렵다
☐ 080 お手上げ て あ	손듦, 속수무책

		적중 단어	의미
☐	081	おどおど	주뼛주뼛, 자신이 없어서 침착하지 못한 모양
☐	082	おのずと ★	저절로
☐	083	<ruby>怯<rt>おび</rt></ruby>える	무서워하다, 겁내다
☐	084	<ruby>夥<rt>おびただ</rt></ruby>しい	매우 많다, 심하다
☐	085	<ruby>帯<rt>お</rt></ruby>びる ★	띠다, 머금다, 차다
☐	086	おぼれる ★	빠지다
☐	087	<ruby>趣<rt>おもむき</rt></ruby>	정취, 느낌, 취지
☐	088	<ruby>赴<rt>おもむ</rt></ruby>く	향하여 가다, 향하다
☐	089	<ruby>思惑<rt>おもわく</rt></ruby>	생각, 예상, 의도, 평판
☐	090	<ruby>及<rt>およ</rt></ruby>ぶ	이르다, 달하다, 미치다

あ

	적중 단어	의미
☐ 091	及ぼす ^{およ} ★	끼치다
☐ 092	愚か ^{おろ}	어리석음, 불필요함
☐ 093	疎か ^{おろそ}	소홀함, 부주의함
☐ 094	温厚 ^{おんこう}	온후, 온화함
☐ 095	温和だ ^{おんわ} ★	온화하다
☐ 096	改革 ^{かいかく} ★	개혁
☐ 097	回顧 ^{かいこ} ★	회고, 회상
☐ 098	解除 ^{かいじょ} ★	해제
☐ 099	回想 ^{かいそう} ★	회상
☐ 100	開拓 ^{かいたく} ★	개척

퀴즈1 적중 단어와 의미를 바르게 연결해 보세요.

① 打ち込む ・　　　　　　　・ A 쫓아내다

② 追い出す ・　　　　　　　・ B 강행하다, 무릅쓰다

③ 押し切る ・　　　　　　　・ C 열중하다

퀴즈2 다음 적중 단어를 올바르게 읽은 것을 고르세요.

① 犯す 범하다, 저지르다　　　A おかす　　　　B はんす

② 思惑 생각, 예상, 의도　　　A おもわく　　　B しわく

③ 臆病 겁이 많음　　　　　　A おくへい　　　B おくびょう

JLPT 챌린지 ＿＿＿의 읽는 법으로 가장 알맞은 것을 1・2・3・4에서 하나 고르세요.

① 明日まで「生い立ちの記」を提出してください。

내일까지 '성장기'를 제출해 주세요.

1 おいたち　　　2 おいだち　　　3 ういたち　　　4 ういだち

② 彼女は購入した内訳を表にきれいにまとめた。

그녀는 구입한 내역을 표로 깔끔하게 정리했다.

1 うちやく　　　2 うちわけ　　　3 ないやく　　　4 ないわけ

3분 퀴즈 챌린지 정답 체크

퀴즈1 ① C ② A ③ B　　　**퀴즈2** ① A ② A ③ B　　　**JLPT 챌린지** ① 1 ② 2

학습일 :　　월　　일

 오늘의 적중 단어의 읽는 법과 의미를 외워봅시다!

☑ 외운 단어를 셀프 체크해 보세요.

		적중 단어	의미
☐	101	かいていばん 改訂版 ★	개정판
☐	102	がいとう 街頭	길거리, 노상
☐	103	がいとう 該当 ★	해당
☐	104	かいへい 開閉	개폐, 열고 닫음
☐	105	かいめい 解明 ★	해명
☐	106	がいりゃく 概略 ★	대략
☐	107	かえり 顧みる	돌이켜보다, 되돌아보다
☐	108	かがや 輝かしい	빛나다, 훌륭하다
☐	109	かぎょう 稼業	직업, 장사, 생업
☐	110	かくいつてき 画一的だ ★	획일적이다

		적중 단어	의미
☐	111	隔週 かくしゅう	격주
☐	112	愕然と がくぜん	악연히, 깜짝
☐	113	格段だ ★ かくだん	각별하다, 현격하다
☐	114	格別 かくべつ	각별, 유별남
☐	115	可決 ★ かけつ	가결
☐	116	駆ける か	전속력으로 달리다
☐	117	加減 かげん	정도
☐	118	加工 ★ かこう	가공
☐	119	過酷 かこく	과혹
☐	120	霞む かす	흐릿하게 보이다

か

		적중 단어	의미
☐	121	過疎 か そ	과소
☐	122	かたくな ★	고집스러운
☐	123	堅苦しい ★ かたくる	거북하다
☐	124	偏る ★ かたよ	치우치다
☐	125	合唱 がっしょう	합창
☐	126	合致 ★ がっ ち	합치, 일치
☐	127	合併 ★ がっぺい	합병
☐	128	稼働 ★ か どう	가동
☐	129	奏でる かな	연주하다
☐	130	かねがね ★	진작부터

적중 단어	의미
☐ 131 庇う かば	감싸다, 비호하다
☐ 132 気触れる か ぶ	염증이 생기다, 물들다
☐ 133 加味 ★ か み	가미
☐ 134 噛み合う ★ か あ	일치하다
☐ 135 過密だ ★ か みつ	과밀하다
☐ 136 仮眠 か みん	선잠
☐ 137 絡む から	얽히다, 시비 걸다
☐ 138 がらりと ★	싹(변하다)
☐ 139 かろうじて ★	겨우, 간신히
☐ 140 軽やか かろ	발랄함, 경쾌함

か

		적중 단어	의미
☐	141	かん き 喚起	환기
☐	142	かんげん 還元 ★	환원
☐	143	がん こ 頑固だ ★	완고하다
☐	144	かんさん 換算	환산
☐	145	かんしょう 干渉	간섭
☐	146	かんじんかなめ 肝心要	가장 중요한 것, 핵심
☐	147	かんじん 肝心だ ★	중요하다
☐	148	かんせい 閑静だ ★	한적하다
☐	149	かん そ 簡素	간소
☐	150	かんそう 乾燥	건조

3분 퀴즈 챌린지

학습일 : 　월　　일

맞은 개수　개/8개

퀴즈1 적중 단어와 의미를 바르게 연결해 보세요.

① 仮眠 (かみん) ・　　　　　　　　・ A 환기

② 喚起 (かんき) ・　　　　　　　　・ B 선잠

③ 概略 (がいりゃく) ・　　　　　　　・ C 대략

퀴즈2 다음 적중 단어를 올바르게 읽은 것을 고르세요.

① 加工 가공　　　　　　A かく　　　B かこう

② 合致 합치, 일치　　　A がっち　　B ごうち

③ 簡素 간소　　　　　　A かんす　　B かんそ

JLPT 챌린지 ＿＿＿의 읽는 법으로 가장 알맞은 것을 1·2·3·4에서 하나 고르세요.

① 自分の将来について、他人には干渉されたくない。

내 미래에 대해서는 타인에게 간섭 받고 싶지 않다

1 がんしょう　　2 かんしょう　　3 がんぽ　　　4 かんぽ

② 選挙候補者が街頭に出て演説をしている。

선거 후보자가 길거리에 나가 연설을 하고 있다.

1 まちと　　　2 まちとう　　　3 かいと　　　4 がいとう

3분 퀴즈 챌린지 정답 체크

퀴즈1 ① B ② A ③ C　　　**퀴즈2** ① B ② A ③ B　　　**JLPT 챌린지** ① 2 ② 4

오늘의 적중 단어의 읽는 법과 의미를 외워봅시다!

☑ 외운 단어를 셀프 체크해 보세요.

	적중 단어	의미
☐ 151	かんちがい 勘違い ★	착각
☐ 152	かんてい 鑑定 ★	감정
☐ 153	かんとく 監督 ★	감독
☐ 154	かんぶ 幹部	간부
☐ 155	かんべん 勘弁	용서함
☐ 156	かんよ 関与	관여
☐ 157	かんよう 寛容	관용, 관대
☐ 158	かんろく 貫禄	관록
☐ 159	かんわ 緩和 ★	완화
☐ 160	きがい 危害	위해

	적중 단어	의미
☐ 161	気掛かり ★	걱정
☐ 162	着飾る	치장하다
☐ 163	気兼ね	사양, 어렵게 여김
☐ 164	棄権	기권
☐ 165	ぎこちない ★	동작이 어색하다
☐ 166	気障	아니꼬움, 같잖음
☐ 167	兆し ★	조짐, 징조
☐ 168	規制 ★	규제
☐ 169	起訴	기소
☐ 170	寄贈	기증

か

	적중 단어	의미
☐ 171	偽造 ^{ぎ ぞう}	위조
☐ 172	気立て ^{き だ}	마음씨, 심지
☐ 173	基調 ★ ^{き ちょう}	기조
☐ 174	几帳面 ^{き ちょうめん}	꼼꼼하고 빈틈이 없음
☐ 175	気遣い ^{き づか}	마음을 씀, 염려
☐ 176	きっかり	꼭, 들어맞은 모양
☐ 177	拮抗 ★ ^{きっこう}	팽팽함, 맞버팀
☐ 178	きっぱり ★	딱 잘라, 단호히
☐ 179	軌道 ★ ^{き どう}	궤도
☐ 180	気に障る ★ ^{き さわ}	비위에 거슬리다

음원을 들으며 따라 읽어 보세요.

	적중 단어	의미
☐ 181	基盤 ★ き ばん	기반
☐ 182	起伏 ★ き ふく	기복
☐ 183	規模 ★ き ぼ	규모
☐ 184	ギャップ	간격, 차이
☐ 185	キャリア ★	커리어, 경력
☐ 186	急遽に ★ きゅうきょ	갑작스럽게
☐ 187	窮屈 きゅうくつ	거북함, 답답함
☐ 188	窮乏 きゅうぼう	궁핍
☐ 189	究明 きゅうめい	구명, 규명
☐ 190	丘陵 ★ きゅうりょう	구릉, 언덕

か

	적중 단어	의미
☐ 191	寄与 ★ き よ	기여
☐ 192	起用 ★ き よう	기용
☐ 193	境遇 きょうぐう	경우, 처지, 형편
☐ 194	強硬 きょうこう	강경
☐ 195	強行 きょうこう	강행
☐ 196	享受 きょうじゅ	향수, 누림, 향유
☐ 197	凝縮 ★ ぎょうしゅく	응축
☐ 198	驚嘆 ★ きょうたん	경탄, 감탄
☐ 199	仰天 ★ ぎょうてん	몹시 놀람, 기겁을 함
☐ 200	共鳴 きょうめい	공명, 공감

퀴즈1 적중 단어와 의미를 바르게 연결해 보세요.

① 凝縮^{ぎょうしゅく} ·

· A 경탄, 감탄

② 勘弁^{かんべん} ·

· B 응축

③ 驚嘆^{きょうたん} ·

· C 용서함

퀴즈2 다음 적중 단어를 올바르게 읽은 것을 고르세요.

① 寄贈 기증　　　　　　A きそう　　　B きぞう

② 起用 기용　　　　　　A きよう　　　B きよ

③ 拮抗 팽팽함, 맞버팀　　A きっこう　　B きこう

JLPT 챌린지

◈ _____의 읽는 법으로 가장 알맞은 것을 1·2·3·4에서 하나 고르세요.

① チームに新しい監督が決まった。　팀에 새로운 감독이 정해졌다.

1 かんとく　　2 がんとく　　3 かんどく　　4 がんどく

◈ (　　)에 들어갈 가장 알맞은 것을 1·2·3·4에서 하나 고르세요.

② ペットのことが(　　)で、旅行はあまり楽しめなかった。

애완동물이 걱정되어서, 여행은 별로 즐기지 못했다.

1 気掛かり　　2 気立て　　3 気遣い　　4 気兼ね

3분 퀴즈 챌린지 정답 체크

퀴즈1 ①B②C③A　　퀴즈2 ①B②A③A　　JLPT 챌린지 ①1②1

오늘의 적중 단어의 읽는 법과 의미를 외워봅시다!

☑ 외운 단어를 셀프 체크해 보세요.

	적중 단어	의미
☐ 201	極力 ★ きょくりょく	힘껏, 최대한
☐ 202	居住 きょじゅう	거주
☐ 203	拒絶 きょぜつ	거절, 거부
☐ 204	拠点 ★ きょてん	거점
☐ 205	清らか きよ	맑음, 깨끗함
☐ 206	切り出す ★ き　だ	말을 꺼내다, 끄집어내다
☐ 207	際立つ きわ　だ	뛰어나다, 두드러지다
☐ 208	極めて ★ きわ	지극히, 매우
☐ 209	均衡 きんこう	균형
☐ 210	均等だ ★ きんとう	균등하다

	적중 단어	의미
☐ 211	緊迫 ★	긴박
☐ 212	吟味	음미, 검토
☐ 213	緊密	긴밀
☐ 214	禁物 ★	금물
☐ 215	食い込む ★	파고들다
☐ 216	食い違う ★	어긋나다
☐ 217	食い止める ★	저지하다
☐ 218	駆使 ★	구사
☐ 219	くじける ★	꺾이다
☐ 220	苦情 ★	불평, 불만

か

	적중 단어	의미
☐ 221	崩<ruby>くず</ruby>れる ★	무너지다
☐ 222	愚痴<ruby>ぐ ち</ruby>	넋두리, 푸념
☐ 223	口出<ruby>くち だ</ruby>し ★	말참견
☐ 224	覆<ruby>くつがえ</ruby>す ★	뒤엎다
☐ 225	くまなく ★	빠짐없이, 분명히
☐ 226	工面<ruby>く めん</ruby> ★	돈 마련, 주머니 사정
☐ 227	くよくよ ★	끙끙, 고민하는 모양
☐ 228	クレーム ★	클레임, 불평
☐ 229	群衆<ruby>ぐんしゅう</ruby>	군중
☐ 230	経緯<ruby>けい い</ruby> ★	경위

음원을 들으며 따라 읽어 보세요.

	적중 단어	의미
☐ 231	軽快 けいかい	경쾌
☐ 232	傾斜 ★ けいしゃ	경사
☐ 233	結束 ★ けっそく	결속
☐ 234	欠乏 けつぼう	결핍
☐ 235	貶される ★ けなされる	흉잡히다
☐ 236	貶す けなす	헐뜯다, 비방하다
☐ 237	懸念 けねん	걱정
☐ 238	気配 ★ けはい	낌새, 기색
☐ 239	堅実だ ★ けんじつ	견실하다
☐ 240	厳正だ ★ げんせい	엄정하다

か

	적중 단어	의미
☐ 241	厳密 _{げんみつ}	엄밀
☐ 242	倹約 _{けんやく}	검약, 절약
☐ 243	故意に ★ _{こ い}	고의로, 일부러
☐ 244	合意 ★ _{ごう い}	합의
☐ 245	豪快だ ★ _{ごうかい}	호쾌하다
☐ 246	控除 _{こうじょ}	공제
☐ 247	高尚 _{こうしょう}	고상, 품격이 높음
☐ 248	拘束 _{こうそく}	구속
☐ 249	広大だ ★ _{こうだい}	광대하다
☐ 250	降伏 _{こうふく}	항복

퀴즈1 적중 단어와 의미를 바르게 연결해 보세요.

① 傾斜 ・　　　　　　　　 ・ A 경사

② 拘束 ・　　　　　　　　 ・ B 구사

③ 駆使 ・　　　　　　　　 ・ C 구속

퀴즈2 다음 적중 단어를 올바르게 읽은 것을 고르세요.

① 口出し 말참견　　　　　A くだし　　　B くちだし

② 清らか 맑음, 깨끗함　　A せいらく　　B きよらか

③ 気配 낌새, 기색　　　　A きはい　　　B けはい

JLPT 챌린지

◈ ＿＿＿의 읽는 법으로 가장 알맞은 것을 1·2·3·4에서 하나 고르세요.

① 試合会場には緊迫した雰囲気が漂っていた。

　경기장에서는 긴박한 분위기가 떠돌고 있다.

　1 きんぱく　　　2 ぎんぱく　　　3 きんばく　　　4 ぎんばく

◈ ( )에 들어갈 가장 알맞은 것을 1·2·3·4에서 하나 고르세요.

② 値段が間違えて表示していたため、お客さんから( )が来た。

　가격이 잘못 적혀 있어서 손님에게 클레임이 왔다.

　1 ノルマ　　　2 クレーム　　　3 エラー　　　4 ダメージ

3분 퀴즈 챌린지 정답 체크

퀴즈1 ① A ② C ③ B　　　**퀴즈2** ① B ② B ③ B　　　**JLPT 챌린지** ① 1 ② 2

오늘의 적중 단어의 읽는 법과 의미를 외워봅시다!

☑ 외운 단어를 셀프 체크해 보세요.

	적중 단어	의미
☐ 251	こうふん 興奮 ★	흥분
☐ 252	こうみょう 巧妙だ ★	교묘하다
☐ 253	こうりょ 考慮 ★	고려
☐ 254	ごかく 互角だ ★	막상막하다
☐ 255	こかつ 枯渇 ★	고갈
☐ 256	こくふく 克服 ★	극복
☐ 257	こくめい 克明だ ★	극명하다
☐ 258	ここち 心地よい ★	상쾌하다
☐ 259	こころあ 心当たり ★	짐작 가는 데
☐ 260	こころがま 心構え ★	각오, 마음가짐

	적중 단어	의미
☐ 261	心細い ★ こころぼそ	불안하다
☐ 262	快い こころよ	상쾌하다, 호의적이다
☐ 263	誇張 ★ こちょう	과장
☐ 264	孤独 こどく	고독
☐ 265	ことごとく ★	전부, 모두, 모조리
☐ 266	殊に こと	각별히, 특히, 게다가
☐ 267	拒む ★ こば	저지하다, 거부하다
☐ 268	籠る こも	가득 차다, 깃들다
☐ 269	雇用 こよう	고용
☐ 270	凝らす こ	엉기게 하다, 한 곳에 집중시키다

		적중 단어	의미
☐	271	懲(こ)りる	질리다
☐	272	凝(こ)る	굳다, 열중하다, 공들이다
☐	273	根拠(こんきょ) ★	근거
☐	274	コンスタントに ★	일정하게
☐	275	根底(こんてい)	근저, 밑바탕
☐	276	コントラスト ★	콘트라스트, 대비
☐	277	サイクル ★	사이클, 주기
☐	278	細心(さいしん)だ ★	세심하다
☐	279	遮(さえぎ)る ★	차단하다
☐	280	栄(さか)える	번영하다, 번창하다

	적중 단어	의미
☐ 281	裂く	찢다, 쪼개다
☐ 282	些細	사소함, 하찮음
☐ 283	指図 ★	지시, 지휘
☐ 284	錯覚 ★	착각
☐ 285	殺菌 ★	살균
☐ 286	察する ★	헤아리다
☐ 287	察知 ★	알아차림
☐ 288	殺到 ★	쇄도
☐ 289	雑踏 ★	혼잡, 붐빔
☐ 290	作動 ★	작동

さ

		적중 단어	의미
☐	291	悟^{さと}る	깨닫다
☐	292	裁^{さば}き	중재, 재판
☐	293	裁^{さば}く	중재하다, 재판하다
☐	294	爽^{さわ}やかだ ★	상쾌하다
☐	295	残酷^{ざんこく}	잔혹, 참혹함
☐	296	斬新^{ざんしん}	참신
☐	297	しいて ★	억지로, 굳이
☐	298	シェア ★	셰어, 공유
☐	299	しくじる ★	실수하다
☐	300	仕組^{しく}み ★	구조

퀴즈1 적중 단어와 의미를 바르게 연결해 보세요.

① 巧妙だ ・　　　　　　　　・ A 상쾌하다

② 互角だ ・　　　　　　　　・ B 교묘하다

③ 爽やかだ ・　　　　　　　・ C 막상막하다

퀴즈2 다음 적중 단어를 올바르게 읽은 것을 고르세요.

① 誇張 과장　　　　　　A こちょう　　　B かちょう

② 指図 지시, 지휘　　　A さしず　　　　B しず

③ 作動 작동　　　　　　A さくどう　　　B さどう

JLPT 챌린지 ＿＿＿의 읽는 법으로 가장 알맞은 것을 1・2・3・4에서 하나 고르세요.

① 彼女は病を克服して、職場に戻ってきた。

그녀는 병을 극복하고 직장에 돌아왔다.

1 こうふく　　　2 こくふく　　　3 かくふく　　　4 かいふく

② この絵は目の錯覚を利用した作品です。

이 작품은 눈의 착각을 이용한 작품입니다.

1 しゃかく　　　2 しゃっかく　　　3 さかく　　　4 さっかく

3분 퀴즈 챌린지 정답 체크

퀴즈1 ① B ② C ③ A　　　**퀴즈2** ① A ② A ③ B　　　**JLPT 챌린지** ① 2 ② 4

도전! 오늘의 적중 단어 읽는 법과 의미를 외워봅시다!

☑ 외운 단어를 셀프 체크해 보세요.

	적중 단어	의미
☐ 301	思索 <small>しさく</small>	사색
☐ 302	自粛 <small>じしゅく</small> ★	자숙
☐ 303	支障 <small>ししょう</small> ★	지장
☐ 304	自尊心 <small>じそんしん</small> ★	자존심
☐ 305	慕う <small>した</small> ★	연모하다, 그리워하다
☐ 306	実情 <small>じつじょう</small> ★	실정
☐ 307	質素だ <small>しっそ</small> ★	검소하다
☐ 308	嫉妬 <small>しっと</small>	질투
☐ 309	辞任 <small>じにん</small> ★	사임
☐ 310	シビアだ ★	엄격하다

	적중 단어	의미
☐ 311	しびれる ★	저리다
☐ 312	渋々	마지못해, 떨떠름하게
☐ 313	しぶとい ★	고집이 세다
☐ 314	染みる	스며들다, 물들다, 배다
☐ 315	じめじめ	축축, 습기가 많은 모양
☐ 316	釈明 ★	해명
☐ 317	謝罪	사죄
☐ 318	遮断 ★	차단
☐ 319	若干 ★	약간
☐ 320	終始	시종, 늘, 언제나

さ

		적중 단어	의미
☐	321	従事 ★ <small>じゅう じ</small>	종사
☐	322	修飾 <small>しゅうしょく</small>	수식
☐	323	柔軟だ <small>じゅうなん</small>	유연하다
☐	324	修復 ★ <small>しゅうふく</small>	복원
☐	325	重複(=ちょうふく) ★ <small>じゅうふく</small>	중복
☐	326	従来 ★ <small>じゅうらい</small>	종래
☐	327	修行 <small>しゅぎょう</small>	수행, 연마
☐	328	熟知 ★ <small>じゅく ち</small>	숙지
☐	329	趣旨 ★ <small>しゅ し</small>	취지
☐	330	出荷 ★ <small>しゅっ か</small>	출하

	적중 단어	의미
☐ 331	樹木 ★ じゅもく	수목
☐ 332	需要 ★ じゅよう	수요
☐ 333	照会 ★ しょうかい	조회
☐ 334	消去 しょうきょ	소거
☐ 335	昇進 ★ しょうしん	승진
☐ 336	消息 しょうそく	소식
☐ 337	承諾 ★ しょうだく	승낙
☐ 338	承知 しょうち	알아들음, 동의
☐ 339	情緒 じょうちょ	정서
☐ 340	承認 しょうにん	승인

さ

		적중 단어	의미
☐	341	奨励 しょうれい	장려
☐	342	触発 ★ しょくはつ	촉발, 자극
☐	343	処置 ★ しょち	처치, 조치
☐	344	退く ★ しりぞく	물러나다
☐	345	仕業 ★ しわざ	소행, 짓
☐	346	真相 しんそう	진상
☐	347	迅速 じんそく	신속, 재빠름
☐	348	人脈 ★ じんみゃく	인맥
☐	349	遂行 ★ すいこう	수행
☐	350	随時 ★ ずいじ	수시, 그때그때

퀴즈1 적중 단어와 의미를 바르게 연결해 보세요.

① 修復 ·　　　　　　　　　　· A 차단
　しゅうふく

② 遮断 ·　　　　　　　　　　· B 복원
　しゃだん

③ 随時 ·　　　　　　　　　　· C 수시, 그때그때
　ずいじ

퀴즈2 다음 적중 단어를 올바르게 읽은 것을 고르세요.

① 樹木 수목　　　　　　　　A じゅもく　　　B じゅぼく

② 仕業 소행, 짓　　　　　　A しわざ　　　　B しぎょう

③ 需要 수요　　　　　　　　A しゅよう　　　B じゅよう

JLPT 챌린지

◈ _____의 읽는 법으로 가장 알맞은 것을 1·2·3·4에서 하나 고르세요.

① チームの多くの選手が監督を慕っているようだ。

　팀의 많은 선수들이 감독을 그리워하고 있는 것 같다.

　1 いたわって　　2 うやまって　　3 かばって　　4 したって

◈ (　)에 들어갈 가장 알맞은 것을 1·2·3·4에서 하나 고르세요.

② 彼はこの機械の開発者なので、仕組みを(　)しているはずだ。

　그는 이 기계의 개발자이므로 구조를 숙지하고 있을 것이다.

　1 熟成　　　　2 熟知　　　　3 探索　　　　4 探知

3분 퀴즈 챌린지 정답 체크

퀴즈1 ① B ② A ③ C　　　**퀴즈2** ① A ② A ③ B　　　**JLPT 챌린지** ① 4 ② 2

도전! 오늘의 적중 단어의 읽는 법과 의미를 외워봅시다!

☑ 외운 단어를 셀프 체크해 보세요.

	적중 단어	의미
☐ 351	推理 ★ すい り	추리
☐ 352	すがすがしい ★	상쾌하다
☐ 353	救う ★ すく	구하다, 건지다
☐ 354	スケール ★	스케일, 규모
☐ 355	透ける ★ す	비치다
☐ 356	健やか すこ	건강함, 튼튼함
☐ 357	すさまじい ★	대단히 무섭다
☐ 358	廃れる ★ すた	쇠퇴하다, 쓰이지 않게 되다, 유행하지 않게 되다
☐ 359	即ち すなわ	즉
☐ 360	素早い す ばや	재빠르다

	적중 단어	의미
☐ 361	術 ★ すべ	방법, 수단
☐ 362	隅 すみ	구석, 모퉁이
☐ 363	速やか すみ	빠름, 신속함
☐ 364	すんなり	날씬하고 매끈한 모양, 일이 수월히 진행되는 모양
☐ 365	成育 せいいく	성장, 자람
☐ 366	盛装 せいそう	성장, 차림새
☐ 367	盛大だ ★ せいだい	성대하다
☐ 368	精密 せいみつ	정밀
☐ 369	せかす ★	재촉하다
☐ 370	せかせかと ★	성급하게

さ

	적중 단어	의미
☐ 371	是正 ぜ せい	시정
☐ 372	絶対だ ★ ぜったい	절대적이다
☐ 373	折衷 せっちゅう	절충
☐ 374	世論 せ ろん	여론
☐ 375	全快 ぜんかい	전쾌, 완쾌
☐ 376	繊細 せんさい	섬세
☐ 377	潜水 せんすい	잠수
☐ 378	先方 ★ せんぽう	상대방
☐ 379	占領 せんりょう	점령
☐ 380	総合 ★ そうごう	종합, 총합

	적중 단어	의미
☐ 381	捜索 そうさく	수색
☐ 382	総じて ★ そう	대체로
☐ 383	壮大だ ★ そうだい	장대하다, 웅대하다
☐ 384	騒動 そうどう	소동
☐ 385	相場 ★ そう ば	시세
☐ 386	促進 そくしん	촉진
☐ 387	損なう ★ そこ	손상하다, 깨뜨리다
☐ 388	阻止 そ し	저지
☐ 389	そそる ★	돋우다
☐ 390	率先 そっせん	솔선

さ

		적중 단어	의미
☐	391	備え付ける ★ <small>そな つ</small>	비치하다
☐	392	逸らす <small>そ</small>	딴 데로 돌리다
☐	393	そわそわ ★	안절부절, 불안한 모양
☐	394	ぞんざい	소홀히 함, 날림으로 함
☐	395	存続 ★ <small>そんぞく</small>	존속
☐	396	滞在 <small>たいざい</small>	체재, 체류
☐	397	怠慢 <small>たいまん</small>	태만
☐	398	耐える <small>た</small>	견디다
☐	399	絶える <small>た</small>	끝나다, 끊어지다
☐	400	打開 ★ <small>だかい</small>	타개

퀴즈1 적중 단어와 의미를 바르게 연결해 보세요.

① 損なう ・　　　　　　　　・ A 딴 데로 돌리다

② 逸らす ・　　　　　　　　・ B 손상하다, 깨뜨리다

③ 廃れる ・　　　　　　　　・ C 쇠퇴하다

퀴즈2 다음 적중 단어를 올바르게 읽은 것을 고르세요.

① 相場 시세　　　　　　A あいば　　　　B そうば

② 推理 추리　　　　　　A すいり　　　　B すり

③ 存続 존속　　　　　　A ぞんそく　　　B そんぞく

JLPT 챌린지

◈ _____의 읽는 법으로 가장 알맞은 것을 1·2·3·4에서 하나 고르세요.

① 文字が透けている。 글자가 비친다.

1 かけて　　　　2 すけて　　　　3 ぬけて　　　　4 ぼけて

◈ ( )에 들어갈 가장 알맞은 것을 1·2·3·4에서 하나 고르세요.

② この映画のストーリーは、地球の歴史をえがいた( )ものだ。

이 영화의 줄거리는 지구의 역사를 그린 장대한 이야기이다.

1 絶大な　　　　2 盛大な　　　　3 壮大な　　　　4 甚大な

3분 퀴즈 챌린지 정답 체크

퀴즈1 ① B ② A ③ C　　　**퀴즈2** ① B ② A ③ B　　　**JLPT 챌린지** ① 2 ② 3

오늘의 적중 단어 리스트

학습일: 월 일

 오늘의 적중 단어의 읽는 법과 의미를 외워봅시다!

☑ 외운 단어를 셀프 체크해 보세요.

	적중 단어	의미
☐ 401	多岐 <ruby>多<rt>た</rt></ruby><ruby>岐<rt>き</rt></ruby> ★	다방면
☐ 402	妥協 <ruby>妥<rt>だ</rt></ruby><ruby>協<rt>きょう</rt></ruby> ★	타협
☐ 403	託す <ruby>託<rt>たく</rt></ruby>す ★	맡기다
☐ 404	逞しい <ruby>逞<rt>たくま</rt></ruby>しい	늠름하다, 씩씩하다
☐ 405	巧み <ruby>巧<rt>たく</rt></ruby>み	교묘함, 능숙함
☐ 406	蓄える <ruby>蓄<rt>たくわ</rt></ruby>える ★	비축하다
☐ 407	打撃 <ruby>打<rt>だ</rt></ruby><ruby>撃<rt>げき</rt></ruby>	타격
☐ 408	妥結 <ruby>妥<rt>だ</rt></ruby><ruby>結<rt>けつ</rt></ruby>	타결
☐ 409	打診 <ruby>打<rt>だ</rt></ruby><ruby>診<rt>しん</rt></ruby> ★	타진
☐ 410	携わる <ruby>携<rt>たずさ</rt></ruby>わる ★	관계하다, 종사하다

	적중 단어	의미
☐ 411	称える	찬양하다, 칭송하다
☐ 412	直ちに	곧
☐ 413	漂う ★	떠돌다, 감돌다
☐ 414	断つ	자르다, 끊다
☐ 415	脱退	탈퇴
☐ 416	立て替える ★	대신 치르다
☐ 417	辿る	더듬어 가다, 다다르다
☐ 418	束ねる	한데 묶다, 통솔하다
☐ 419	ためらう ★	망설이다
☐ 420	容易い	쉽다, 용이하다

た

	적중 단어	의미
☐ 421	断じて ★ <small>だん</small>	결코, 반드시
☐ 422	短縮 <small>たんしゅく</small>	단축
☐ 423	旦那 <small>だん な</small>	남편
☐ 424	丹念 <small>たんねん</small>	성심, 공들여 함
☐ 425	断念 ★ <small>だんねん</small>	단념, 체념
☐ 426	知恵 <small>ち え</small>	지혜
☐ 427	忠告 ★ <small>ちゅうこく</small>	충고
☐ 428	仲裁 ★ <small>ちゅうさい</small>	중재
☐ 429	忠実だ ★ <small>ちゅうじつ</small>	충실하다
☐ 430	抽象 <small>ちゅうしょう</small>	추상

		적중 단어	의미
☐	431	中枢 ★ ちゅうすう	중추
☐	432	徴収 ちょうしゅう	징수
☐	433	挑戦 ちょうせん	도전
☐	434	調達 ★ ちょうたつ	조달
☐	435	重宝 ★ ちょうほう	편리함, 소중히 여김
☐	436	沈下 ★ ちんか	침하
☐	437	陳列 ★ ちんれつ	진열
☐	438	追及 ついきゅう	추궁
☐	439	追放 ついほう	추방
☐	440	費やす ★ つい	소비하다

た

	적중 단어	의미
☐ 441	墜落 ついらく	추락
☐ 442	痛感 つうかん	통감
☐ 443	痛切 つうせつ	통절
☐ 444	束の間 つか ま	잠깐 동안, 순간
☐ 445	月並 つきなみ	평범함, 진부함
☐ 446	尽くす ★ つ	다하다, 애쓰다
☐ 447	辻褄 つじつま	이치, 조리, 계산
☐ 448	努めて つと	가능한 한, 애써
☐ 449	募る ★ つの	모으다, 심해지다
☐ 450	呟く つぶや	중얼거리다, 투덜대다

퀴즈1 적중 단어와 의미를 바르게 연결해 보세요.

① 巧み　　・
② 旦那　　・
③ 重宝　　・

・ A 남편
・ B 편리함, 소중히 여김
・ C 교묘함, 능숙함

퀴즈2 다음 적중 단어를 올바르게 읽은 것을 고르세요.

① 多岐 다방면　　　　　A たし　　　　B たき

② 月並 비치다, 반영하다　A げつなみ　　B つきなみ

③ 中枢 중추　　　　　　A ちゅうすい　B ちゅうすう

JLPT 챌린지 ＿＿＿＿의 읽는 법으로 가장 알맞은 것을 1·2·3·4에서 하나 고르세요.

① その件について、忠告すべきかどうか考えている。

그 건에 대해서 충고해야 할지 말아야 할지 생각하고 있다.

1 しんこく　　2 じんこく　　3 ちゅうこく　　4 じゅうこく

② 対策の結果、地盤の沈下は食い止められている。

대책 결과, 지반의 침하는 막혀있다.

1 ちんげ　　2 ちんか　　3 しんか　　4 しんげ

3분 퀴즈 챌린지 정답 체크

퀴즈1 ①C②A③B　　　**퀴즈2** ①B②B③B　　　**JLPT 챌린지** ①3②2

도전! 오늘의 적중 단어의 읽는 법과 의미를 외워봅시다!

☑ 외운 단어를 셀프 체크해 보세요.

	적중 단어	의미
☐ 451	<ruby>貫<rt>つらぬ</rt></ruby>く ★	관철하다, 꿰뚫다
☐ 452	<ruby>提起<rt>てい き</rt></ruby> ★	제기
☐ 453	<ruby>体裁<rt>ていさい</rt></ruby>	체재, 외관, 형식
☐ 454	<ruby>停滞<rt>ていたい</rt></ruby>	정체
☐ 455	<ruby>手痛<rt>て いた</rt></ruby>い ★	호되다, 심하다
☐ 456	<ruby>低迷<rt>ていめい</rt></ruby>	저미, 침체 상태
☐ 457	<ruby>手薄<rt>て うす</rt></ruby>だ ★	허술하다
☐ 458	<ruby>手遅<rt>て おく</rt></ruby>れ	때를 놓침, 때늦음
☐ 459	<ruby>手掛<rt>て が</rt></ruby>かり ★	실마리
☐ 460	<ruby>手掛<rt>て が</rt></ruby>ける	직접 다루다, 보살피다

	적중 단어	의미
☐ 461	てき ぎ 適宜	적의, 적당
☐ 462	てきぱき ★	척척, 일을 잘 해내는 모양
☐ 463	て ぎわ 手際 ★	솜씨, 재주
☐ 464	で 出くわす	맞닥뜨리다
☐ 465	て じゅん 手順	순서
☐ 466	て だ 手立て ★	수단
☐ 467	てっ かい 撤回 ★	철회
☐ 468	てっきり ★	틀림없이
☐ 469	てっ てい 徹底	철저
☐ 470	てつ や 徹夜	철야, 밤새움

た

	적중 단어	의미
☐ 471	出直し <small>で なお</small>	처음부터 다시 함
☐ 472	デリケート	섬세함, 미묘함
☐ 473	手分け ★ <small>て わ</small>	분담
☐ 474	伝承 <small>でんしょう</small>	전승
☐ 475	転じる <small>てん</small>	바꾸다, 돌리다
☐ 476	添付 ★ <small>てん ぷ</small>	첨부
☐ 477	搭載 <small>とうさい</small>	탑재
☐ 478	踏襲 ★ <small>とうしゅう</small>	답습
☐ 479	搭乗 <small>とうじょう</small>	탑승
☐ 480	尊い ★ <small>とうと</small>	소중하다, 귀중하다

	적중 단어	의미
☐ 481	盗難 とうなん	도난
☐ 482	童謡 どうよう	동요
☐ 483	途切れる と ぎ	중단되다, 도중에 끊기다
☐ 484	督促 ★ とくそく	독촉
☐ 485	匿名 とくめい	익명
☐ 486	遂げる ★ と	달성하다, 성취하다
☐ 487	途絶える と だ	끊어지다, 두절되다
☐ 488	とっくに ★	훨씬 전에
☐ 489	突如 とつじょ	돌연, 갑자기
☐ 490	滞る ★ とどこお	지체되다, 밀리다

た

		적중 단어	의미
☐	491	留める とど	멈추다, 만류하다, 남기다
☐	492	唱える ★ とな	큰 소리로 외치다, 주장하다
☐	493	怒鳴る ど な	고함치다, 호통치다
☐	494	惚ける とぼ	정신 나가다, 시치미 떼다
☐	495	戸惑う と まど	어리둥절하다, 망설이다
☐	496	取り締まる と し	단속하다, 관리 감독하다
☐	497	取り戻す ★ と もど	회복하다
☐	498	取り寄せる と よ	가까이 끌어당기다, 가져오다
☐	499	取り分け と わ	특히, 유난히
☐	500	慰める ★ なぐさ	위로하다

퀴즈1 적중 단어와 의미를 바르게 연결해 보세요.

① 徹夜   ·   · A 섬세함, 미묘함

② デリケート ·   · B 솜씨, 재주

③ 手際   ·   · C 철야, 밤새움

퀴즈2 다음 적중 단어를 올바르게 읽은 것을 고르세요.

① 手順 순서   A てじゅん   B しゅじゅん

② 匿名 익명   A とくみょう   B とくめい

③ 突如 돌연, 갑자기   A とつにょ   B とつじょ

JLPT 챌린지

◈ _____의 읽는 법으로 가장 알맞은 것을 1·2·3·4에서 하나 고르세요.

① 息子は父の技術を後代に伝承した。

아들은 아버지의 기술을 후대에 전승했다.

1 てんしゅう   2 てんしょう   3 でんしゅう   4 でんしょう

◈ (   )에 들어갈 가장 알맞은 것을 1·2·3·4에서 하나 고르세요.

① 今日は(   )晴れると思っていたのに、雨が降る。

오늘은 틀림없이 맑으리라고 생각했는데 비가 온다.

1 きっぱり   2 しっかり   3 はっきり   4 てっきり

3분 퀴즈 챌린지 정답 체크

퀴즈1 ① C ② A ③ B   **퀴즈2** ① A ② B ③ B   **JLPT 챌린지** ① 4 ② 4

학습일 :　　월　　일

 오늘의 적중 단어의 읽는 법과 의미를 외워봅시다!

☑ 외운 단어를 셀프 체크해 보세요.

	적중 단어	의미
☐ 501	嘆_{なげ}く	한탄하다, 분개하다
☐ 502	名残_{な ごり}	자취, 흔적
☐ 503	名高_{な だか}い	유명하다
☐ 504	なだめる ★	달래다
☐ 505	懐_{なつ}く	따르다, 좇다
☐ 506	嘗_なめる	핥다, 맛보다, 깔보다
☐ 507	倣_{なら}う	따르다, 모방하다
☐ 508	馴_なれ馴_なれしい	허물이 없다
☐ 509	賑_{にぎ}わう ★	활기차다, 번성하다
☐ 510	憎_{にく}しみ	미움, 증오

음원을 들으며 따라 읽어 보세요.

		적중 단어	의미
☐	511	濁り にご	탁함, 더러움
☐	512	滲む にじ	번지다, 배다
☐	513	日夜 ★ にち や	밤낮, 항상
☐	514	担う ★ にな	짊어지다, 메다
☐	515	鈍い にぶ	둔하다, 굼뜨다
☐	516	入手 ★ にゅうしゅ	입수
☐	517	入念に ★ にゅうねん	공들여, 꼼꼼히
☐	518	如実に ★ にょじつ	여실히
☐	519	にわかに ★	불현듯이, 갑자기
☐	520	忍耐 ★ にんたい	인내

な

		적중 단어	의미
☐	521	抜け出す <small>ぬ だ</small>	몰래 빠져나가다
☐	522	熱湯 <small>ねっとう</small>	열탕, 뜨거운 물
☐	523	粘り <small>ねば</small>	끈기
☐	524	粘り強く ★ <small>ねば づよ</small>	끈질기게
☐	525	根回し <small>ね まわ</small>	사전 교섭
☐	526	練る ★ <small>ね</small>	짜다, 다듬다
☐	527	念願 ★ <small>ねんがん</small>	염원, 소원
☐	528	念頭 ★ <small>ねんとう</small>	염두
☐	529	濃密 <small>のうみつ</small>	농밀, 진함
☐	530	逃れる ★ <small>のが</small>	벗어나다, 도망치다

	적중 단어	의미
☐ 531	のぞ 臨む ★	임하다, 향하다, 면하다
☐ 532	の と 乗っ取る	납치하다, 빼앗다
☐ 533	の だ 乗り出す ★	착수하다
☐ 534	ノルマ ★	기준량
☐ 535	は あく 把握 ★	파악
☐ 536	はい き 廃棄	폐기
☐ 537	はいしゃく 拝借	배차, 빌려 씀(겸양어)
☐ 538	はいぞく 配属 ★	배속
☐ 539	はい ふ 配布 ★	배포
☐ 540	はいぼく 敗北	패배

は

	적중 단어	의미
☐ 541	配慮 <small>はいりょ</small>	배려
☐ 542	映える <small>は</small> ★	빛나다
☐ 543	剥がす <small>は</small> ★	벗기다, 떼다
☐ 544	捗る <small>はかど</small>	순조롭다, 진척되다
☐ 545	果敢ない <small>は か</small>	덧없다, 허무하다
☐ 546	破棄 <small>は き</small>	파기
☐ 547	白状 <small>はくじょう</small>	자백
☐ 548	漠然だ <small>ばくぜん</small> ★	막연하다
☐ 549	漠然と <small>ばくぜん</small>	막연히
☐ 550	暴露 <small>ばく ろ</small> ★	폭로

퀴즈1 적중 단어와 의미를 바르게 연결해 보세요.

① 馴れ馴れしい ·   · A 허물이 없다

② 抜け出す ·   · B 몰래 빠져나가다

③ 果敢ない ·   · C 덧없다, 허무하다

퀴즈2 다음 적중 단어를 올바르게 읽은 것을 고르세요.

① 濃密 농밀, 진함   A のうみつ   B こいみつ

② 念頭 염두   A ねんとう   B ねんと

③ 配属 배속   A はいそく   B はいぞく

JLPT 챌린지 _____의 읽는 법으로 가장 알맞은 것을 1·2·3·4에서 하나 고르세요.

① 厳しい練習に<u>臨む</u>選手たちの姿を目にした。

고된 훈련에 임하는 선수들의 모습을 목격했다.

1 いどお   2 なやむ   3 のぞむ   4 はげむ

② 調査のデータは、地球の温暖化を<u>如実</u>に示した。

조사 데이터는 지구온난화를 여실히(있는 그대로) 보여준다.

1 じょじつに   2 じょうじつに

3 にょじつに   4 にょうじつに

3분 퀴즈 챌린지 정답 체크

퀴즈1 ① A ② B ③ C   **퀴즈2** ① A ② A ③ B   **JLPT 챌린지** ① 3 ② 3

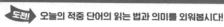

도전! 오늘의 적중 단어의 읽는 법과 의미를 외워봅시다!

☑ 외운 단어를 셀프 체크해 보세요.

적중 단어	의미
☐ 551 <ruby>励<rt>はげ</rt></ruby>む ★	힘쓰다
☐ 552 <ruby>派<rt>は</rt></ruby><ruby>遣<rt>けん</rt></ruby>	파견
☐ 553 <ruby>挟<rt>はさ</rt></ruby>む	사이에 끼우다
☐ 554 <ruby>派<rt>は</rt></ruby><ruby>生<rt>せい</rt></ruby> ★	파생
☐ 555 <ruby>破<rt>は</rt></ruby><ruby>損<rt>そん</rt></ruby> ★	파손
☐ 556 <ruby>発<rt>はっ</rt></ruby><ruby>覚<rt>かく</rt></ruby> ★	발각
☐ 557 <ruby>抜<rt>ばつ</rt></ruby><ruby>群<rt>ぐん</rt></ruby> ★	발군, 뛰어남
☐ 558 <ruby>発<rt>はっ</rt></ruby><ruby>散<rt>さん</rt></ruby> ★	발산
☐ 559 <ruby>抜<rt>ばっ</rt></ruby><ruby>粋<rt>すい</rt></ruby> ★	발췌
☐ 560 <ruby>抜<rt>ばっ</rt></ruby><ruby>擢<rt>てき</rt></ruby>	발탁

		적중 단어	의미
☐	561	初耳 はつみみ	처음 듣는 일
☐	562	ばてる ★	지치다
☐	563	甚だ はなは	매우, 몹시, 심히
☐	564	華やか はな	화려함
☐	565	跳ねる は	뛰어오르다, 튀다
☐	566	幅広い ★ はばひろ	폭넓다
☐	567	阻む ★ はば	막다, 방해하다
☐	568	浜辺 はまべ	바닷가, 해변
☐	569	ばらまく	흩어 뿌리다
☐	570	張り合う ★ は あ	맞서다, 겨루다

は

	적중 단어	의미
☐ 571	遥か <ruby>遥<rt>はる</rt></ruby>か	아득히, 훨씬
☐ 572	破裂 <ruby>破<rt>は</rt></ruby><ruby>裂<rt>れつ</rt></ruby>	파열
☐ 573	煩雑だ ★ <ruby>煩<rt>はん</rt></ruby><ruby>雑<rt>ざつ</rt></ruby>だ	번잡하다
☐ 574	繁盛 ★ <ruby>繁<rt>はん</rt></ruby><ruby>盛<rt>じょう</rt></ruby>	번성, 번창
☐ 575	繁殖 ★ <ruby>繁<rt>はん</rt></ruby><ruby>殖<rt>しょく</rt></ruby>	번식
☐ 576	伴奏 ★ <ruby>伴<rt>ばん</rt></ruby><ruby>奏<rt>そう</rt></ruby>	반주
☐ 577	半端 <ruby>半<rt>はん</rt></ruby><ruby>端<rt>ぱ</rt></ruby>	불안전함, 어중간함
☐ 578	控え目 <ruby>控<rt>ひか</rt></ruby>え<ruby>目<rt>め</rt></ruby>	소극적임, (양이)약간 적음
☐ 579	率いる <ruby>率<rt>ひき</rt></ruby>いる	인솔하다, 거느리다
☐ 580	日頃 <ruby>日<rt>ひ</rt></ruby><ruby>頃<rt>ごろ</rt></ruby>	평상시, 늘

	적중 단어	의미
☐ 581	微笑	미소
☐ 582	密かに	살짝, 몰래
☐ 583	一筋に	오로지, 한결같이
☐ 584	人出 ★	인파
☐ 585	捻る	비틀다, 생각을 짜내다
☐ 586	ひとまず ★	일단, 하여튼
☐ 587	皮肉	빈정거림
☐ 588	響く	울리다, 여운을 남기다
☐ 589	悲鳴	비명
☐ 590	秘める ★	숨기다

は

	적중 단어	의미
☐ 591	飛躍 ひ やく	비약
☐ 592	拍子 ひょう し ★	박자
☐ 593	描写 びょうしゃ	묘사
☐ 594	平たい ひら	평평하다, 평탄하다
☐ 595	閃く ひらめ	순간적으로 번쩍하다, 번뜩이다
☐ 596	翻す ひるがえ	뒤집다, 번복하다
☐ 597	披露 ひ ろう	피로, 공표, 보여줌
☐ 598	ピント ★	초점
☐ 599	頻繁 ひんぱん	빈번
☐ 600	ふいに ★	갑자기

퀴즈1 적중 단어와 의미를 바르게 연결해 보세요.

① 甚だ _{심하다} ・

② 密かに _{ひそ} ・

③ 一筋に _{ひとすじ} ・

・ A 살짝, 몰래

・ B 매우, 몹시, 심히

・ C 오로지, 한결같이

퀴즈2 다음 적중 단어를 올바르게 읽은 것을 고르세요.

① 人出 인파　　　　　　　A にんで　　　B ひとで

② 披露 피로, 보여줌　　　A ひろう　　　B ひろ

③ 捻る 비틀다, 생각을 짜내다　A ねる　　　　B ひねる

JLPT 챌린지 _____ 의 읽는 법으로 가장 알맞은 것을 1·2·3·4에서 하나 고르세요.

① 激しい雪に阻まれて前に進めない。

거센 눈에 막혀 앞으로 나아갈 수 없다.

1 かこまれて　　2 からまれて　　3 こばまれて　　4 はばまれて

② これは外国語から派生した言葉です。

이것은 외국어에서 파생된 말입니다.

1 はしょう　　2 はっしょう　　3 はせい　　　4 はっせい

3분 퀴즈 챌린지 정답 체크

퀴즈1 ① B ② A ③ C　　**퀴즈2** ① B ② A ③ B　　**JLPT 챌린지** ① 4 ② 3

도전! 오늘의 적중 단어의 읽는 법과 의미를 외워봅시다!

☑ 외운 단어를 셀프 체크해 보세요.

	적중 단어	의미
☐ 601	風習 ★ <small>ふうしゅう</small>	풍습
☐ 602	フォロー ★	보조, 지원
☐ 603	不機嫌 <small>ふ き げん</small>	기분이 좋지 않음
☐ 604	不器用 <small>ぶ き よう</small>	서투름
☐ 605	不気味 <small>ぶ き み</small>	어쩐지 기분 나쁨
☐ 606	負債 <small>ふ さい</small>	부채, 빚
☐ 607	相応しい <small>ふさわ</small>	어울리다, 걸맞다
☐ 608	不審だ ★ <small>ふ しん</small>	의심스럽다
☐ 609	復興 ★ <small>ふっこう</small>	부흥
☐ 610	不当 <small>ふ とう</small>	부당

		적중 단어	의미
☐	611	赴任 ★ ふ にん	부임
☐	612	腐敗 ふ はい	부패
☐	613	不備 ふ び	충분히 갖추지 않음
☐	614	不憫 ふ びん	가엾음, 측은함
☐	615	不服 ★ ふ ふく	불복
☐	616	扶養 ふ よう	부양
☐	617	不用意だ ★ ふ よう い	조심성 없다
☐	618	プライド ★	프라이드, 자존심
☐	619	ブランク ★	여백
☐	620	振舞い ふる ま	행동

は

	적중 단어	의미
☐ 621	憤慨 _{ふんがい}	분개
☐ 622	分散 _{ぶんさん}	분산
☐ 623	踏ん張る _{ふ ば}	완강히 버티다
☐ 624	閉口 ★ _{へいこう}	질림, 손듦, 항복
☐ 625	閉鎖 _{へい さ}	폐쇄
☐ 626	弁解 ★ _{べんかい}	변명
☐ 627	変遷 ★ _{へんせん}	변천
☐ 628	妨害 ★ _{ぼうがい}	방해
☐ 629	奉仕 _{ほう し}	봉사
☐ 630	報じる ★ _{ほう}	알리다

	적중 단어	의미
☐ 631	茫然と ぼうぜん	망연히, 하염없이, 멍하니
☐ 632	膨大だ ★ ぼうだい	방대하다
☐ 633	冒頭 ぼうとう	서두
☐ 634	抱負 ★ ほう ふ	포부
☐ 635	保管 ほ かん	보관
☐ 636	保護 ★ ほ ご	보호
☐ 637	発作 ほっ さ	발작
☐ 638	没収 ぼっしゅう	몰수
☐ 639	発足 ★ ほっそく	발족
☐ 640	没頭 ★ ぼっとう	몰두

は

		적중 단어	의미
☐	641	没落 _{ぼつらく}	몰락
☐	642	解ける _{ほど} ★	풀리다
☐	643	施す _{ほどこ}	베풀다, 시행하다
☐	644	微笑ましい _{ほほ え}	호감가다, 흐뭇하다
☐	645	滅びる _{ほろ} ★	망하다
☐	646	本筋 _{ほん すじ} ★	본론
☐	647	前向き _{まえ む}	적극적, 앞을 향함
☐	648	賄う _{まかな}	조달하다, 꾸려 가다
☐	649	紛らわしい _{まぎ} ★	혼동하기 쉽다
☐	650	紛れもない _{まぎ}	틀림없다

퀴즈1 적중 단어와 의미를 바르게 연결해 보세요.

① 保護 ・　　　　　　・ A 부흥

② 復興 ・　　　　　　・ B 보호

③ 妨害 ・　　　　　　・ C 방해

퀴즈2 다음 적중 단어를 올바르게 읽은 것을 고르세요.

① 閉口 질림, 손듦　　　　A へいく　　　B へいこう

② 本筋 본론　　　　　　A ほんすじ　　B もとすじ

③ 発足 발족　　　　　　A ほっそく　　B ほっぞく

JLPT 챌린지

◈ _____의 읽는 법으로 가장 알맞은 것을 1·2·3·4에서 하나 고르세요.

① この門は閉鎖されている。 이 문은 폐쇄되어 있다.

　1 へいそく　　　2 へいさく　　　3 へいそ　　　4 へいさ

◈ ( )에 들어갈 가장 알맞은 것을 1·2·3·4에서 하나 고르세요.

② この地方には、昔からお祝いのとき餅を食べる( )がある。
　이 지역에는 예부터 축하할 때 떡을 먹는 풍습이 있다.

　1 風土　　　　2 風習　　　　3 風物　　　　4 風情

3분 퀴즈 챌린지 정답 체크

퀴즈1 ① B ② A ③ C　　　**퀴즈2** ① B ② A ③ A　　　**JLPT 챌린지** ① 4 ② 2

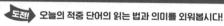

도전! 오늘의 적중 단어의 읽는 법과 의미를 외워봅시다!

☑ 외운 단어를 셀프 체크해 보세요.

	적중 단어	의미
☐ 651	紛れる ★ まぎ	헷갈리다
☐ 652	交える まじ	섞다, 주고받다
☐ 653	区々 まちまち	가지각색
☐ 654	惑わされる まど	혼란되다, 현혹되다
☐ 655	満喫 ★ まんきつ	만끽
☐ 656	見失う ★ み うしな	놓치다
☐ 657	見落とす ★ み お	간과하다
☐ 658	幹 みき	나무 줄기
☐ 659	見極める み きわ	끝까지 지켜보다, 판별하다
☐ 660	見込み ★ み こ	예상, 전망

	적중 단어	의미
☐ 661	見窄らしい	초라하다, 빈약하다
☐ 662	密集 ★	밀집
☐ 663	源	기원, 근원
☐ 664	見習う	본받다, 보고 배우다
☐ 665	見抜く	간파하다, 꿰뚫어보다
☐ 666	無邪気	천진난만함
☐ 667	無性に ★	몹시
☐ 668	無造作だ ★	아무렇지 않다
☐ 669	無謀だ ★	무모하다
☐ 670	名誉 ★	명예

ま

		적중 단어	의미
☐	671	明瞭 めいりょう	명료, 뚜렷함
☐	672	明朗 めいろう	명랑, 밝음
☐	673	メカニズム ★	메커니즘, 구조
☐	674	めきめき ★	무럭무럭
☐	675	巡り ★ めぐ	회전, 순례
☐	676	目先 ★ めさき	눈앞, 현재
☐	677	目覚ましい ★ めざ	눈부시다
☐	678	めちゃくちゃ	몹시, 매우, 마구
☐	679	目安 ★ めやす	목표, 기준
☐	680	面食らう めんく	당황하다, 허둥대다

	적중 단어	의미
☐ 681	<ruby>面識<rt>めんしき</rt></ruby> ★	면식
☐ 682	<ruby>免除<rt>めんじょ</rt></ruby> ★	면제
☐ 683	<ruby>面目<rt>めんぼく</rt></ruby>	면목, 체면
☐ 684	<ruby>綿密<rt>めんみつ</rt></ruby>だ ★	면밀하다
☐ 685	<ruby>申<rt>もう</rt></ruby>し<ruby>出<rt>で</rt></ruby>る	자청하다, 신고하다
☐ 686	<ruby>盲点<rt>もうてん</rt></ruby>	맹점
☐ 687	<ruby>網羅<rt>もうら</rt></ruby> ★	망라
☐ 688	<ruby>猛烈<rt>もうれつ</rt></ruby>だ ★	맹렬하다
☐ 689	<ruby>潜<rt>もぐ</rt></ruby>る	잠수하다, 잠입하다, 기어들다
☐ 690	<ruby>目論見<rt>もくろみ</rt></ruby>	계획, 의도

ま

적중 단어	의미
☐ 691 もたれる ★	의지하다
☐ 692 専ら	오로지, 한결같이
☐ 693 持て成す	대접하다
☐ 694 もどかしい ★	애가 타다, 답답하다
☐ 695 物腰	말씨, 언행
☐ 696 最早	벌써, 이미, 어느새
☐ 697 模倣	모방
☐ 698 揉める	옥신각신하다
☐ 699 催す ★	개최하다
☐ 700 漏らす	흘러나오게 하다, 누설하다

퀴즈1 적중 단어와 의미를 바르게 연결해 보세요.

① 無性に ·

② 專ら ·

③ 最早 ·

· A 벌써, 이미, 어느새

· B 몹시

· C 오로지, 한결같이

퀴즈2 다음 적중 단어를 올바르게 읽은 것을 고르세요.

① 面目 면목, 체면 　　　A めんぼく　　　B めんぶく

② 目論見 계획, 의도 　　A めろみ　　　　B もくろみ

③ 無邪気 천진난만함 　　A むじゃき　　　B むじゃけ

JLPT 챌린지

◈ ＿＿＿의 읽는 법으로 가장 알맞은 것을 1·2·3·4에서 하나 고르세요.

① あの態度には<u>猛烈</u>に腹が立つ。　저 태도에는 몹시 화가 난다.

1 もれつ　　　2 きょうれつ　　　3 きょれつ　　　4 もうれつ

◈ ( )에 들어갈 가장 알맞은 것을 1·2·3·4에서 하나 고르세요.

② ( )のことだけに精一杯で、明日の準備もできない。
눈앞의 일에 급급해서 내일의 준비도 할 수 없다.

1 目先　　　2 手中　　　3 足場　　　4 背後

3분 퀴즈 챌린지 정답 체크

퀴즈1 ① B ② C ③ A　　　**퀴즈2** ① A ② B ③ A　　　**JLPT 챌린지** ① 4 ② 1

도전! 오늘의 적중 단어의 읽는 법과 의미를 외워봅시다!

☑ 외운 단어를 셀프 체크해 보세요.

	적중 단어	의미
☐ 701	脆い もろ	무르다, 약하다
☐ 702	躍進 ★ やくしん	약진
☐ 703	養う やしな	양육하다, 기르다
☐ 704	厄介だ ★ やっかい	귀찮다, 성가시다
☐ 705	ややこしい	복잡해서 알기 어렵다, 까다롭다
☐ 706	やり通す とお	끝까지 하다, 해내다
☐ 707	和らぐ ★ やわ	누그러지다
☐ 708	やんわり ★	부드럽게
☐ 709	由緒 ★ ゆいしょ	유서, 내력
☐ 710	優位 ★ ゆう い	우위

		적중 단어	의미
☐	711	憂鬱 ゆううつ	우울
☐	712	勇敢だ ★ ゆうかん	용감하다, 활발하다
☐	713	融資 ゆう し	융자
☐	714	融通 ゆうずう	융통, 융통성
☐	715	有数だ ★ ゆうすう	손꼽히다
☐	716	悠長 ゆうちょう	침착하여 성미가 느림
☐	717	歪む ゆが	비뚤어지다
☐	718	譲る ★ ゆず	양보하다
☐	719	揺らぐ ★ ゆ	흔들리다
☐	720	要請 ★ ようせい	요청

や

	적중 단어	의미
☐ 721	様相 ^{ようそう} ★	양상, 상태
☐ 722	抑制 ^{よくせい}	억제
☐ 723	装う ^{よそお}	꾸미다, 치장하다
☐ 724	よそよそしい	서먹서먹하다, 데면데면하다
☐ 725	予断 ^{よだん} ★	예측
☐ 726	余程 ^{よほど}	상당히
☐ 727	蘇る ^{よみがえ}	되살아나다, 소생하다
☐ 728	落胆 ^{らくたん} ★	낙담
☐ 729	ラフ	난폭함, 꺼칠꺼칠함
☐ 730	濫用 ^{らんよう}	남용

음원을 들으며 따라 읽어 보세요.

	적중 단어	의미
☐ 731	利益 ★ り えき	이익
☐ 732	利潤 り じゅん	이윤
☐ 733	リスク ★	위험
☐ 734	良質 りょうしつ	양질, 좋은 성질
☐ 735	了承 ★ りょうしょう	승낙, 양해
☐ 736	履歴 ★ り れき	이력
☐ 737	臨時 りん じ	임시
☐ 738	類似 るい じ	유사
☐ 739	類推 るいすい	유추
☐ 740	ルーズ	허술함

ら

	적중 단어	의미
☐ 741	レイアウト ★	레이아웃, 배치
☐ 742	冷淡 れいたん	냉담, 무관심
☐ 743	連携 れんけい ★	연계, 제휴
☐ 744	浪人 ろうにん	재수생, 백수
☐ 745	碌に ろく	제대로
☐ 746	露骨 ろ こつ	노골
☐ 747	枠 わく ★	테두리, 범위, 틀
☐ 748	煩わしい わずら ★	번거롭다, 귀찮다
☐ 749	侘しい わび	쓸쓸하다, 외롭다
☐ 750	詫びる わ ★	사죄하다

퀴즈1 적중 단어와 의미를 바르게 연결해 보세요.

① 煩わしい　　　　•　　　　　　　　• A 번거롭다, 귀찮다

② よそよそしい　•　　　　　　　　• B 서먹서먹하다, 데면데면하다

③ 侘しい　　　　•　　　　　　　　• C 쓸쓸하다, 외롭다

퀴즈2 다음 적중 단어를 올바르게 읽은 것을 고르세요.

① 落胆 낙담　　　　　　　A らくたん　　　B らくだん

② 露骨 노골　　　　　　　A ろうこつ　　　B ろくつ

③ 由緒 유서, 내력　　　　A ゆうしょ　　　B ゆいしょ

JLPT 챌린지 ＿＿＿의 읽는 법으로 가장 알맞은 것을 1·2·3·4에서 하나 고르세요.

① <u>勇敢</u>に戦う主人公に子供たちは夢中だ。

용감하게 싸우는 주인공에게 아이들은 푹 빠져 있다.

1 ゆうかん　　　2 ゆうがん　　　3 ゆうけん　　　4 ゆうげん

② 社員たちの<u>要請</u>を受け入れる。　사원들의 요청을 받아들이다.

1 よせい　　　　2 よしん　　　　3 ようせい　　　4 ようしん

3분 퀴즈 챌린지 정답 체크

퀴즈1 ①A ②B ③C　　　**퀴즈2** ①A ②A ③B　　　**JLPT 챌린지** ①1 ②3

N1

제2장

한국어 + 일본어
VOCA

오늘의 적중 단어 리스트

DAY 01 MP3

학습일 : 월 일

 오늘의 적중 단어의 의미와 읽는 법을 외워봅시다!

☑ 외운 단어를 셀프 체크해 보세요.

		의미	적중 단어
☐	001	가결 *	か けつ 可決
☐	002	가공 *	か こう 加工
☐	003	가까이 끌어당기다, 가져오다	と よ 取り寄せる
☐	004	가능한 한, 애써	つと 努めて
☐	005	가동 *	か どう 稼働
☐	006	가득 차다, 깃들다	こも 籠る
☐	007	가미 *	か み 加味
☐	008	가엾음, 측은함	ふ びん 不憫
☐	009	가장 중요한 것, 핵심	かんじんかなめ 肝心要
☐	010	가지각색	まちまち 区々

		의미	적중 단어
☐	011	가치가 있다 *	値する あたい
☐	012	각별, 유별남	格別 かくべつ
☐	013	각별하다, 현격하다 *	格段だ かくだん
☐	014	각별히, 특히, 게다가	殊に こと
☐	015	각오, 마음가짐 *	心構え こころがま
☐	016	간격, 차이	ギャップ
☐	017	간과하다 *	見落とす み お
☐	018	간부	幹部 かん ぶ
☐	019	간섭	干渉 かんしょう
☐	020	간소	簡素 かん そ

ㄱ

		의미	적중 단어
☐	021	간파하다, 꿰뚫어보다	見抜く
☐	022	감독 *	監督
☐	023	감싸다, 비호하다	庇う
☐	024	감정 *	鑑定
☐	025	갑자기 *	ふいに
☐	026	갑작스럽게 *	急遽に
☐	027	강경	強硬
☐	028	강행	強行
☐	029	개정판 *	改訂版
☐	030	개척 *	開拓

		의미	적중 단어
☐	031	개최하다 *	<ruby>催<rt>もよお</rt></ruby>す
☐	032	개폐, 열고 닫음	<ruby>開閉<rt>かいへい</rt></ruby>
☐	033	개혁 *	<ruby>改革<rt>かいかく</rt></ruby>
☐	034	거북하다 *	<ruby>堅苦<rt>かたくる</rt></ruby>しい
☐	035	거북함, 답답함	<ruby>窮屈<rt>きゅうくつ</rt></ruby>
☐	036	거절, 거부	<ruby>拒絶<rt>きょぜつ</rt></ruby>
☐	037	거절하다 *	<ruby>否<rt>いな</rt></ruby>む
☐	038	거점 *	<ruby>拠点<rt>きょてん</rt></ruby>
☐	039	거주	<ruby>居住<rt>きょじゅう</rt></ruby>
☐	040	걱정 *	<ruby>気掛<rt>き が</rt></ruby>かり

ㄱ

		의미	적중 단어
☐	041	걱정	<ruby>懸念<rt>け ねん</rt></ruby>
☐	042	건강함, 튼튼함	<ruby>健<rt>すこ</rt></ruby>やか
☐	043	건조	<ruby>乾燥<rt>かんそう</rt></ruby>
☐	044	검소하다 *	<ruby>質素<rt>しっ そ</rt></ruby>だ
☐	045	검약, 절약	<ruby>倹約<rt>けんやく</rt></ruby>
☐	046	겁이 많음	<ruby>臆病<rt>おくびょう</rt></ruby>
☐	047	게을리하다, 소홀히 하다 *	<ruby>怠<rt>おこた</rt></ruby>る
☐	048	겨우, 간신히 *	かろうじて
☐	049	격주	<ruby>隔週<rt>かくしゅう</rt></ruby>
☐	050	견디다	<ruby>耐<rt>た</rt></ruby>える

퀴즈1 의미와 적중 단어를 바르게 연결해 보세요.

① 가지각색 ·   · A 区々

② 격주 ·   · B 不憫

③ 가엾음 ·   · C 隔週

퀴즈2 다음 적중 단어의 한자 표기로 올바른 것을 고르세요.

① 감정 かんてい   A 鑑定   B 監定

② 개폐 かいへい   A 間閉   B 開閉

③ 거절하다 いなむ   A 否む   B 不む

JLPT 챌린지 _____의 읽는 법으로 가장 알맞은 것을 1·2·3·4에서 하나 고르세요.

① うちの社長は財産家でありながら狭い家で質素に暮らした。

우리 사장님은 재산가이면서 좁은 집에서 검소하게 살았다.

1 しっそ   2 しっそう   3 しつそ   4 しつす

② 彼らは委員会で採決を強行した。 그들은 위원회에서 채결을 강행했다.

1 ごうこう   2 きょうこう

3 ごうぎょう   4 きょうぎょう

3분 퀴즈 챌린지 정답 체크

퀴즈1 ①A ②C ③B   **퀴즈2** ①A ②B ③A   **JLPT 챌린지** ①1 ②2

도전! 오늘의 적중 단어의 의미와 읽는 법을 외워봅시다!

☑️ 외운 단어를 셀프 체크해 보세요.

		의미	적중 단어
☐	051	견실하다 *	<ruby>堅実<rt>けんじつ</rt></ruby>だ
☐	052	결백하다 *	<ruby>潔<rt>いさぎよ</rt></ruby>い
☐	053	결속 *	<ruby>結束<rt>けっそく</rt></ruby>
☐	054	결코, 반드시 *	<ruby>断<rt>だん</rt></ruby>じて
☐	055	결핍	<ruby>欠乏<rt>けつぼう</rt></ruby>
☐	056	경사 *	<ruby>傾斜<rt>けいしゃ</rt></ruby>
☐	057	경우, 처지, 형편	<ruby>境遇<rt>きょうぐう</rt></ruby>
☐	058	경위 *	<ruby>経緯<rt>けいい</rt></ruby>
☐	059	경쾌	<ruby>軽快<rt>けいかい</rt></ruby>
☐	060	경탄, 감탄 *	<ruby>驚嘆<rt>きょうたん</rt></ruby>

음원을 들으며 따라 읽어 보세요.

의미	적중 단어
☐ 061 계획, 의도	もくろみ 目論見
☐ 062 고갈 ★	こかつ 枯渇
☐ 063 고독	こどく 孤独
☐ 064 고려 ★	こうりょ 考慮
☐ 065 고상, 품격이 높음	こうしょう 高尚
☐ 066 고용	こよう 雇用
☐ 067 고의로, 일부러 ★	こい 故意に
☐ 068 고집 ★	いじ 意地
☐ 069 고집스러운 ★	かたくな
☐ 070 고집이 세다 ★	しぶとい

		의미	적중 단어
☐	071	고함치다, 호통치다	怒鳴る
☐	072	곧	直ちに
☐	073	공들여, 꼼꼼히 *	入念に
☐	074	공명, 공감	共鳴
☐	075	공제	控除
☐	076	과밀하다 *	過密だ
☐	077	과소	過疎
☐	078	과장 *	誇張
☐	079	과혹	過酷
☐	080	관계하다, 종사하다 *	携わる

의미	적중 단어
☐ 081 관록	<ruby>貫<rt>かん</rt></ruby><ruby>禄<rt>ろく</rt></ruby> 貫禄
☐ 082 관여	<ruby>関<rt>かん</rt></ruby><ruby>与<rt>よ</rt></ruby> 関与
☐ 083 관용, 관대	<ruby>寛<rt>かん</rt></ruby><ruby>容<rt>よう</rt></ruby> 寛容
☐ 084 관철하다, 꿰뚫다 ★	<ruby>貫<rt>つらぬ</rt></ruby>く
☐ 085 광대하다 ★	<ruby>広<rt>こう</rt></ruby><ruby>大<rt>だい</rt></ruby>だ
☐ 086 교묘하다 ★	<ruby>巧<rt>こう</rt></ruby><ruby>妙<rt>みょう</rt></ruby>だ
☐ 087 교묘함, 능숙함	<ruby>巧<rt>たく</rt></ruby>み
☐ 088 구릉, 언덕 ★	<ruby>丘<rt>きゅう</rt></ruby><ruby>陵<rt>りょう</rt></ruby>
☐ 089 구명, 규명	<ruby>究<rt>きゅう</rt></ruby><ruby>明<rt>めい</rt></ruby>
☐ 090 구사 ★	<ruby>駆<rt>く</rt></ruby><ruby>使<rt>し</rt></ruby>

ㄱ

		의미	적중 단어
☐	091	구석, 모퉁이	隅 _{すみ}
☐	092	구속	拘束 _{こうそく}
☐	093	구조 *	仕組み _{しく}
☐	094	구하다, 건지다 *	救う _{すく}
☐	095	군중	群衆 _{ぐんしゅう}
☐	096	굳다, 열중하다, 공들이다	凝る _こ
☐	097	궁핍	窮乏 _{きゅうぼう}
☐	098	궤도 *	軌道 _{きどう}
☐	099	귀찮다, 성가시다 *	厄介だ _{やっかい}
☐	100	규모 *	規模 _{きぼ}

퀴즈1 의미와 적중 단어를 바르게 연결해 보세요.

① 궁핍 ・　　　　　　　　・ A 窮乏 きゅうぼう

② 결핍 ・　　　　　　　　・ B 丘陵 きゅうりょう

③ 구릉 ・　　　　　　　　・ C 欠乏 けつぼう

퀴즈2 다음 적중 단어의 한자 표기로 올바른 것을 고르세요.

① 구명 きゅうめい　　　　　A 究明　　　　B 究盟

② 구조 しくみ　　　　　　　A 仕組み　　　B 仕区み

③ 광대하다 こうだいだ　　　A 公大だ　　　B 広大だ

JLPT 챌린지 _____의 읽는 법으로 가장 알맞은 것을 1・2・3・4에서 하나 고르세요.

① このまま使い続けていたら、天然資源は枯渇してしまうだろう。

이대로 계속 사용한다면 천연자원은 고갈될 것이다.

1 こかつ　　　　2 こけい　　　　3 かかつ　　　　4 かけい

② 今回の学生デモは全国的な規模で行われた。

이번 학생 시위는 전국적인 규모로 이루어졌다.

1 きぼ　　　　　2 きも　　　　　3 きぼう　　　　4 きもう

3분 퀴즈 챌린지 정답 체크

퀴즈1 ①A②C③B　　　**퀴즈2** ①A②A③B　　　**JLPT 챌린지** ①1②1

오늘의 적중 단어의 의미와 읽는 법을 외워봅시다!

☑ 외운 단어를 셀프 체크해 보세요.

	의미	적중 단어
☐ 101	규제 *	きせい 規制
☐ 102	균등하다 *	きんとう 均等だ
☐ 103	균형	きんこう 均衡
☐ 104	극명하다 *	こくめい 克明だ
☐ 105	극복 *	こくふく 克服
☐ 106	극히, 매우, 대단히	いた 至って
☐ 107	근거 *	こんきょ 根拠
☐ 108	근저, 밑바탕	こんてい 根底
☐ 109	금물 *	きんもつ 禁物
☐ 110	기권	き けん 棄権

의미	적중 단어
☐ **111** 기반 *	基盤 _{き ばん}
☐ **112** 기복 *	起伏 _{き ふく}
☐ **113** 기분이 좋지 않음	不機嫌 _{ふ き げん}
☐ **114** 기소	起訴 _{き そ}
☐ **115** 기여 *	寄与 _{き よ}
☐ **116** 기용 *	起用 _{き よう}
☐ **117** 기원, 근원	源 _{みなもと}
☐ **118** 기조 *	基調 _{き ちょう}
☐ **119** 기준량 *	ノルマ
☐ **120** 기증	寄贈 _{き ぞう}

의미	적중 단어
☐ **121** 긴밀	<ruby>緊密<rt>きんみつ</rt></ruby>
☐ **122** 긴박 *	<ruby>緊迫<rt>きんぱく</rt></ruby>
☐ **123** 길거리, 노상	<ruby>街頭<rt>がいとう</rt></ruby>
☐ **124** 깨닫다	<ruby>悟る<rt>さと</rt></ruby>
☐ **125** 꺾이다 *	くじける
☐ **126** 꼭, 들어맞은 모양	きっかり
☐ **127** 꼼꼼하고 빈틈이 없음	<ruby>几帳面<rt>きちょうめん</rt></ruby>
☐ **128** 꾸미다, 치장하다	<ruby>装う<rt>よそお</rt></ruby>
☐ **129** 끈기	<ruby>粘り<rt>ねば</rt></ruby>
☐ **130** 끈질기게 *	<ruby>粘り強く<rt>ねば づよ</rt></ruby>

의미	적중 단어
☐ 131 끊어지다, 두절되다	途絶える
☐ 132 끙끙, 고민하는 모양 ★	くよくよ
☐ 133 끝까지 지켜보다, 판별하다	見極める
☐ 134 끝까지 하다, 해내다	やり通す
☐ 135 끝나다, 끊어지다	絶える
☐ 136 끼치다 ★	及ぼす
☐ 137 낌새, 기색 ★	気配
☐ 138 나무 줄기	幹
☐ 139 낙담 ★	落胆
☐ 140 난폭함, 꺼칠꺼칠함	ラフ

☑ 외운 단어를 셀프 체크해 보세요.

의미	적중 단어
☐ **141** 날씬하고 매끈한 모양, 일이 수월히 진행되는 모양	すんなり
☐ **142** 남용	らんよう 濫用
☐ **143** 남편	だん な 旦那
☐ **144** 납치하다, 빼앗다	の と 乗っ取る
☐ **145** 내역, 명세 *	うちわけ 内訳
☐ **146** 냉담, 무관심	れいたん 冷淡
☐ **147** 넋두리, 푸념	ぐ ち 愚痴
☐ **148** 노골	ろ こつ 露骨
☐ **149** 농밀, 진함	のうみつ 濃密
☐ **150** 놓치다 *	み うしな 見失う

퀴즈1 의미와 적중 단어를 바르게 연결해 보세요.

① 납치하다 ・　　　　　　　・ A 見極める

② 두절되다 ・　　　　　　　・ B 途絶える

③ 판별하다 ・　　　　　　　・ C 乗っ取る

퀴즈2 다음 적중 단어의 한자 표기로 올바른 것을 고르세요.

① 근저 こんてい　　　　A 根底　　　B 根低

② 기원 みなもと　　　　A 原　　　　B 源

③ 깨닫다 さとる　　　　A 悟る　　　B 語る

JLPT 챌린지

◈ ＿＿＿의 읽는 법으로 가장 알맞은 것을 1・2・3・4에서 하나 고르세요.

① この文書には、当時の生活の様子が克明に残されている。

이 문서에는 당시 생활의 모습이 극명하게 남아 있다.

1 きょくめい　　　2 きょうめい　　　3 こくめい　　　4 こうめい

◈ ＿＿＿의 의미와 가장 가까운 것을 1・2・3・4에서 하나 고르세요.

② 町のリンゴ産業の発展は、大野氏の寄与によるところが大きい。

마을의 사과 산업의 발전은 오노 씨의 기여에 의한 것이 크다.

1 貢献　　　　2 援助　　　　3 工夫　　　　4 活躍

3분 퀴즈 챌린지 정답 체크

퀴즈1 ① C ② B ③ A　　　**퀴즈2** ① A ② B ③ A　　　**JLPT 챌린지** ① 3 ② 1

오늘의 적중 단어의 의미와 읽는 법을 외워봅시다!

☑ 외운 단어를 셀프 체크해 보세요.

		의미	적중 단어
☐	151	누그러지다 *	和らぐ やわ
☐	152	눈부시다 *	目覚ましい め ざ
☐	153	눈앞, 현재 *	目先 め さき
☐	154	눌러 자르다, 강행하다, 무릅쓰다	押し切る お き
☐	155	느긋함, 대범함	大らか おお
☐	156	늠름하다, 씩씩하다	逞しい たくま
☐	157	다루다, 조종하다	操る あやつ
☐	158	다방면 *	多岐 た き
☐	159	다하다, 애쓰다 *	尽くす つ
☐	160	단념, 체념 *	断念 だんねん

의미	적중 단어
☐ 161 단속하다, 관리 감독하다	取り締まる
☐ 162 단축	短縮
☐ 163 달래다 ★	なだめる
☐ 164 달성하다, 성취하다 ★	遂げる
☐ 165 답습 ★	踏襲
☐ 166 당황하다, 허둥대다	面食らう
☐ 167 대강의 줄거리, 요점 ★	大筋
☐ 169 대단히 무섭다 ★	すさまじい
☐ 168 대략 ★	概略
☐ 170 대범함, 대충	大まか

		의미	적중 단어
☐	171	대신 치르다 *	立て替える
☐	172	대접하다	持て成す
☐	173	대체로 *	総じて
☐	174	더듬어 가다, 다다르다	辿る
☐	175	덧없다, 허무하다	果敢ない
☐	176	덮치다, 습격하다	襲う
☐	177	도난	盗難
☐	178	도전	挑戦
☐	179	독촉 *	督促
☐	180	돈 마련, 주머니 사정 *	工面

의미	적중 단어
☐ **181** 돋우다 *	そそる
☐ **182** 돌연, 갑자기	突如 _{とつじょ}
☐ **183** 돌이켜보다, 되돌아보다	顧みる _{かえり}
☐ **184** 동요	童謡 _{どうよう}
☐ **185** 동작이 어색하다 *	ぎこちない
☐ **186** 되살아나다, 소생하다	蘇る _{よみがえ}
☐ **187** 둔하다, 굼뜨다	鈍い _{にぶ}
☐ **188** 뒤엎다 *	覆す _{くつがえ}
☐ **189** 뒤집다, 번복하다	翻す _{ひるがえ}
☐ **190** 뒷받침, 확실한 증거 *	裏付け _{うら づ}

	의미	적중 단어
☐ 191	따르다, 모방하다	倣う
☐ 192	따르다, 좇다	懐く
☐ 193	딱 잘라, 단호히 *	きっぱり
☐ 194	딴 데로 돌리다	逸らす
☐ 195	때를 놓침, 때늦음	手遅れ
☐ 196	떠돌다, 감돌다 *	漂う
☐ 197	뛰어나다, 두드러지다	際立つ
☐ 198	뛰어난 인재 *	逸材
☐ 199	뛰어오르다, 튀다	跳ねる
☐ 200	띠다, 머금다, 차다 *	帯びる

퀴즈1 의미와 적중 단어를 바르게 연결해 보세요.

① 떠돌다 · · A 尽くす

② 뒤집다 · · B 漂う

③ 다하다 · · C 翻す

퀴즈2 다음 적중 단어의 한자 표기로 올바른 것을 고르세요.

① 독촉 とくそく　　A 督促　　B 督足

② 동요 どうよう　　A 童揺　　B 童謡

③ 둔하다 にぶい　　A 鋭い　　B 鈍い

JLPT 챌린지 ＿＿＿의 읽는 법으로 가장 알맞은 것을 1·2·3·4에서 하나 고르세요.

① 時間があまりないため、計画の大筋を説明した。

시간이 별로 없으므로, 계획의 요점을 설명했다.

1 だいきん　　2 だいすじ　　3 たいきん　　4 おおすじ

② 相手の主張を覆すためには準備が必要です。

상대의 주장을 뒤엎기 위해서는 준비가 필요합니다.

1 くりかえす　2 くつがえす　3 ひきかえす　4 やりかえす

3분 퀴즈 챌린지 정답 체크

퀴즈1 ①B②C③A　　**퀴즈2** ①A②B③B　　**JLPT 챌린지** ①4②2

DAY 05 오늘의 적중 단어 리스트

학습일 :　　월　　일

 오늘의 적중 단어의 의미와 읽는 법을 외워봅시다!

☑ 외운 단어를 셀프 체크해 보세요.

		의미	적중 단어
☐	201	레이아웃, 배치 *	レイアウト
☐	202	마음씨, 심지	気立て
☐	203	마음을 씀, 염려	気遣い
☐	204	마지못해, 떨떠름하게	渋々
☐	205	막다, 방해하다 *	阻む
☐	206	막상막하다 *	互角だ
☐	207	막연하다 *	漠然だ
☐	208	막연히	漠然と
☐	209	만끽 *	満喫
☐	210	만지다, 주무르다, 손대다	弄る

		의미	적중 단어
☐	211	말씨, 언행	物腰
☐	212	말을 꺼내다, 끄집어내다 *	切り出す
☐	213	말참견 *	口出し
☐	214	맑음, 깨끗함	清らか
☐	215	망라 *	網羅
☐	216	망설이다 *	ためらう
☐	217	망연히, 하염없이, 멍하니	茫然と
☐	218	망하다 *	滅びる
☐	219	맞닥뜨리다	出くわす
☐	220	맞서다, 겨루다 *	張り合う

		의미	적중 단어
☐	221	맡기다 *	<ruby>託<rt>たく</rt></ruby>す
☐	222	매우 많다, 심하다	<ruby>夥<rt>おびただ</rt></ruby>しい
☐	223	매우, 대단히 *	いとも
☐	224	매우, 몹시, 심히	<ruby>甚<rt>はなは</rt></ruby>だ
☐	225	맹렬하다 *	<ruby>猛烈<rt>もうれつ</rt></ruby>だ
☐	226	맹점	<ruby>盲点<rt>もうてん</rt></ruby>
☐	227	멈추다, 만류하다, 남기다	<ruby>留<rt>とど</rt></ruby>める
☐	228	메커니즘, 구조 *	メカニズム
☐	229	면목, 체면	<ruby>面目<rt>めんぼく</rt></ruby>
☐	230	면밀하다 *	<ruby>綿密<rt>めんみつ</rt></ruby>だ

의미	적중 단어
☐ 231 면식 *	<ruby>面識<rt>めんしき</rt></ruby>
☐ 232 면제 *	<ruby>免除<rt>めんじょ</rt></ruby>
☐ 233 명랑, 밝음	<ruby>明朗<rt>めいろう</rt></ruby>
☐ 234 명료, 뚜렷함	<ruby>明瞭<rt>めいりょう</rt></ruby>
☐ 235 명예 *	<ruby>名誉<rt>めいよ</rt></ruby>
☐ 236 모방	<ruby>模倣<rt>もほう</rt></ruby>
☐ 237 모양, 꼴, 상태	<ruby>有様<rt>ありさま</rt></ruby>
☐ 238 모으다, 심해지다 *	<ruby>募る<rt>つのる</rt></ruby>
☐ 239 목표, 기준 *	<ruby>目安<rt>めやす</rt></ruby>
☐ 240 몰두 *	<ruby>没頭<rt>ぼっとう</rt></ruby>

		의미	적중 단어
☐	241	몰락	没落 ぼつらく
☐	242	몰래 빠져나가다	抜け出す ぬ　だ
☐	243	몰수	没収 ぼっしゅう
☐	244	몹시 *	無性に む　しょう
☐	245	몹시 놀람, 기겁을 함 *	仰天 ぎょうてん
☐	246	몹시, 매우, 마구	めちゃくちゃ
☐	247	묘사	描写 びょうしゃ
☐	248	무너지다 *	崩れる くず
☐	249	무럭무럭 *	めきめき
☐	250	무르다, 약하다	脆い もろ

퀴즈1 의미와 적중 단어를 바르게 연결해 보세요.

① 면제 ・ · A 名誉^{めいよ}

② 명예 ・ · B 免除^{めんじょ}

③ 만끽 ・ · C 満喫^{まんきつ}

퀴즈2 다음 적중 단어의 한자 표기로 올바른 것을 고르세요.

① 망하다 ほろびる　　　　　　A 滅びる　　　　B 減びる

② 망라 もうら　　　　　　　　A 網羅　　　　　B 網誰

③ 면식 めんしき　　　　　　　A 面職　　　　　B 面識

JLPT 챌린지 _____의 읽는 법으로 가장 알맞은 것을 1・2・3・4에서 하나 고르세요.

① 松田さんは衝撃的なニュースに仰天して泣き出した。

마쓰다 씨는 충격적인 뉴스에 몹시 놀라 울기 시작했다.

1 ぎょうてん　　2 ぎょうたん　　3 こうてん　　　4 こうたん

② 運転免許の合格点は、70点以上を目安とする。

운전면허의 합격점은 70점 이상을 기준으로 한다.

1 もくあん　　　2 ぼくあん　　　3 めやす　　　　4 まやす

3분 퀴즈 챌린지 정답 체크

퀴즈1 ①B②A③C　　　**퀴즈2** ①A②A③B　　　**JLPT 챌린지** ①1②3

도전! 오늘의 적중 단어의 의미와 읽는 법을 외워봅시다!

☑ 외운 단어를 셀프 체크해 보세요.

		의미	적중 단어
☐	251	무모하다 *	無謀だ
☐	252	무서워하다, 겁내다	怯える
☐	253	무섭다, 두렵다	おっかない
☐	254	물러나다 *	退く
☐	255	미리, 사전에 *	予め
☐	256	미소	微笑
☐	257	미움, 증오	憎しみ
☐	258	밀집 *	密集
☐	259	바꾸다, 돌리다	転じる
☐	260	바닷가, 해변	浜辺

의미	적중 단어
☐ 261 박자 *	ひょうし 拍子
☐ 262 반주 *	ばんそう 伴奏
☐ 263 발각 *	はっかく 発覚
☐ 264 발군, 뛰어남 *	ばつぐん 抜群
☐ 265 발랄함, 경쾌함	かろ 軽やか
☐ 266 발산 *	はっさん 発散
☐ 267 발작	ほっさ 発作
☐ 268 발족 *	ほっそく 発足
☐ 269 발췌 *	ばっすい 抜粋
☐ 270 발탁	ばってき 抜擢

ㅂ

		의미	적중 단어
☐	271	밤낮, 항상 *	<ruby>日夜<rt>にちや</rt></ruby>
☐	272	방대하다 *	<ruby>膨大<rt>ぼうだい</rt></ruby>だ
☐	273	방법, 수단 *	<ruby>術<rt>すべ</rt></ruby>
☐	274	방해 *	<ruby>妨害<rt>ぼうがい</rt></ruby>
☐	275	배려	<ruby>配慮<rt>はいりょ</rt></ruby>
☐	276	배속 *	<ruby>配属<rt>はいぞく</rt></ruby>
☐	277	배차, 빌려 씀(겸양어)	<ruby>拝借<rt>はいしゃく</rt></ruby>
☐	278	배포 *	<ruby>配布<rt>はいふ</rt></ruby>
☐	279	번거롭다, 귀찮다 *	<ruby>煩<rt>わずら</rt></ruby>わしい
☐	280	번성, 번창 *	<ruby>繁盛<rt>はんじょう</rt></ruby>

		의미	적중 단어
☐	281	번식 *	<ruby>繁殖<rt>はんしょく</rt></ruby>
☐	282	번영하다, 번창하다	<ruby>栄<rt>さか</rt></ruby>える
☐	283	번잡하다 *	<ruby>煩雑<rt>はんざつ</rt></ruby>だ
☐	284	번지다, 배다	<ruby>滲<rt>にじ</rt></ruby>む
☐	285	벌써, 이미, 어느새	<ruby>最早<rt>も はや</rt></ruby>
☐	286	범하다, 저지르다	<ruby>犯<rt>おか</rt></ruby>す
☐	287	벗기다, 떼다 *	<ruby>剥<rt>は</rt></ruby>がす
☐	288	벗어나다, 도망치다 *	<ruby>逃<rt>のが</rt></ruby>れる
☐	289	베풀다, 시행하다	<ruby>施<rt>ほどこ</rt></ruby>す
☐	290	변명, 핑계	<ruby>言<rt>い</rt></ruby>い<ruby>訳<rt>わけ</rt></ruby>

ㅂ

	의미	적중 단어
☐ 291	변명 *	へんかい 弁解
☐ 292	변천 *	へんせん 変遷
☐ 293	보관	ほ かん 保管
☐ 294	보조, 지원 *	フォロー
☐ 295	보호 *	ほ ご 保護
☐ 296	복원 *	しゅうふく 修復
☐ 297	복잡해서 알기 어렵다, 까다롭다	ややこしい
☐ 298	본론 *	ほんすじ 本筋
☐ 299	본받다, 보고 배우다	み なら 見習う
☐ 300	봉사	ほう し 奉仕

퀴즈1 의미와 적중 단어를 바르게 연결해 보세요.

① 변명 •　　　　　　　　• A 抜粹^{ばっすい}

② 발체 •　　　　　　　　• B 発覚^{はっかく}

③ 발각 •　　　　　　　　• C 弁解^{べんかい}

퀴즈2 다음 적중 단어의 한자 표기로 올바른 것을 고르세요.

① 보관 ほかん　　　　　　A 保管　　　　B 呆管

② 발탁 ばってき　　　　　A 抜擢　　　　B 技擢

③ 배려 はいりょ　　　　　A 配慮　　　　B 配思

JLPT 챌린지

◈ _____의 읽는 법으로 가장 알맞은 것을 1·2·3·4에서 하나 고르세요.

① この薬にはウイルスの繁殖を抑える効果がある。

　　이 약에는 바이러스의 번식을 억제하는 효과가 있다.

1 はんしょく　　2 はんちょく　　3 ばんしょく　　4 ばんちょく

◈ ( )에 들어갈 가장 알맞은 것을 1·2·3·4에서 하나 고르세요.

② マンションに欠陥があることが( )され、工事が中止された。

　　맨션에 결함이 있는 것이 발각되어 공사가 중지되었다.

1 派生　　　　2 発覚　　　　3 露出　　　　4 波及

3분 퀴즈 챌린지 정답 체크

퀴즈1 ① C ② A ③ B　　　**퀴즈2** ① A ② A ③ A　　　**JLPT 챌린지** ① 1 ② 2

도전! 오늘의 적중 단어의 의미와 읽는 법을 외워봅시다!

☑ 외운 단어를 셀프 체크해 보세요.

의미	적중 단어
☐ 301　부당	<ruby>不当<rt>ふ とう</rt></ruby>
☐ 302　부드럽게 *	やんわり
☐ 303　부양	<ruby>扶養<rt>ふ よう</rt></ruby>
☐ 304　부임 *	<ruby>赴任<rt>ふ にん</rt></ruby>
☐ 305　부채, 빚	<ruby>負債<rt>ふ さい</rt></ruby>
☐ 306　부패	<ruby>腐敗<rt>ふ はい</rt></ruby>
☐ 307　부흥 *	<ruby>復興<rt>ふっこう</rt></ruby>
☐ 308　분개	<ruby>憤慨<rt>ふんがい</rt></ruby>
☐ 309　분담 *	<ruby>手分け<rt>て わ</rt></ruby>
☐ 310　분산	<ruby>分散<rt>ぶんさん</rt></ruby>

음원을 들으며 따라 읽어 보세요.

의미	적중 단어
☐ 311 불복 *	不服 ふ ふく
☐ 312 불안전함, 어중간함	半端 はん ぱ
☐ 313 불안하다 *	心細い こころぼそ
☐ 314 불평, 불만 *	苦情 く じょう
☐ 315 불현듯이, 갑자기 *	にわかに
☐ 316 비뚤어지다	歪む ゆが
☐ 317 비명	悲鳴 ひ めい
☐ 318 비약	飛躍 ひ やく
☐ 319 비웃다, 조소하다	あざ笑う わら
☐ 320 비위에 거슬리다 *	気に障る き さわ

ㅂ

		의미	적중 단어
☐	321	비축하다 *	<ruby>蓄<rt>たくわ</rt></ruby>える
☐	322	비치다 *	<ruby>透<rt>す</rt></ruby>ける
☐	323	비치하다 *	<ruby>備<rt>そな</rt></ruby>え<ruby>付<rt>つ</rt></ruby>ける
☐	324	비틀다, 생각을 짜내다	<ruby>捻<rt>ひね</rt></ruby>る
☐	325	빈번	<ruby>頻繁<rt>ひんぱん</rt></ruby>
☐	326	빈정거림	<ruby>皮肉<rt>ひにく</rt></ruby>
☐	327	빛나다 *	<ruby>映<rt>は</rt></ruby>える
☐	328	빛나다, 훌륭하다	<ruby>輝<rt>かがや</rt></ruby>かしい
☐	329	빠름, 신속함	<ruby>速<rt>すみ</rt></ruby>やか
☐	330	빠지다 *	おぼれる

	의미	적중 단어
☐ 331	빠짐없이, 분명히 ★	くまなく
☐ 332	뻔뻔스럽다 ★	厚かましい
☐ 333	사색	思索
☐ 334	사소함, 하찮음	些細
☐ 335	사양, 어렵게 여김	気兼ね
☐ 336	사이에 끼우다	挟む
☐ 337	사이클, 주기 ★	サイクル
☐ 338	사임 ★	辞任
☐ 339	사전 교섭	根回し
☐ 340	사죄	謝罪

人

		의미	적중 단어
☐	341	사죄하다 *	詫びる
☐	342	살균 *	殺菌
☐	343	살짝, 몰래	密かに
☐	344	상당히	余程
☐	345	상대방 *	先方
☐	346	상쾌하다 *	心地よい
☐	347	상쾌하다 *	爽やかだ
☐	348	상쾌하다 *	すがすがしい
☐	349	상쾌하다, 호의적이다	快い
☐	350	생각, 예상, 의도, 평판	思惑

퀴즈1 의미와 적중 단어를 바르게 연결해 보세요.

① 살균 ·   · A 辞任

② 불평 ·   · B 苦情

③ 사임 ·   · C 殺菌

퀴즈2 다음 적중 단어의 한자 표기로 올바른 것을 고르세요.

① 비뚤어지다 ゆがむ   A 否む   B 歪む

② 비명 ひめい   A 非鳴   B 悲鳴

③ 사이에 끼우다 はさむ   A 挟む   B 扶む

JLPT 챌린지

◈ ( )에 들어갈 가장 알맞은 것을 1·2·3·4에서 하나 고르세요.

① 予習、復習という( )を繰り返すことで、知識の定着を図る。

예습, 복습의 사이클을 반복하는 것으로 지식의 정착을 꾀하다.

1 ピッチ   2 ペース   3 サイクル   4 シフト

◈ _____의 의미와 가장 가까운 것을 1·2·3·4에서 하나 고르세요.

② 今回の作業は手分けしたほうがいい。 이번 작업은 분담하는 편이 좋다.

1 分担   2 分別   3 分割   4 分類

3분 퀴즈 챌린지 정답 체크

퀴즈1 ① C ② B ③ A   **퀴즈2** ① B ② B ③ A   **JLPT 챌린지** ① 3 ② 1

학습일: 월 일

 도전! 오늘의 적중 단어의 의미와 읽는 법을 외워봅시다!

☑ 외운 단어를 셀프 체크해 보세요.

		의미	적중 단어
☐	351	서두	ぼうとう 冒頭
☐	352	서먹서먹하다, 데면데면하다	よそよそしい
☐	353	서투름	ぶきよう 不器用
☐	354	섞다, 주고받다	まじ 交える
☐	355	선잠	かみん 仮眠
☐	356	섬세	せんさい 繊細
☐	357	섬세함, 미묘함	デリケート
☐	358	성급하게 *	せかせかと
☐	359	성대하다 *	せいだい 盛大だ
☐	360	성심, 공들여 함	たんねん 丹念

음원을 들으며 따라 읽어 보세요.

의미	적중 단어
☐ **361** 성장, 자람	せいいく **成育**
☐ **362** 성장, 자람	お た **生い立ち**
☐ **363** 성장, 차림새	せいそう **盛装**
☐ **364** 세련됨	いき **粋**
☐ **365** 세심하다 *	さいしん **細心だ**
☐ **366** 셰어, 공유 *	**シェア**
☐ **367** 소거	しょうきょ **消去**
☐ **368** 소극적임, (양이)약간 적음	ひか め **控え目**
☐ **369** 소꿉친구	おさ な なじ **幼馴染み**
☐ **370** 소동	そうどう **騒動**

人

		의미	적중 단어
☐	371	소비하다 *	<ruby>費<rt>つい</rt></ruby>やす
☐	372	소식	<ruby>消息<rt>しょうそく</rt></ruby>
☐	373	소중하다, 귀중하다 *	<ruby>尊<rt>とうと</rt></ruby>い
☐	374	소행, 짓 *	<ruby>仕業<rt>し わざ</rt></ruby>
☐	375	소홀함, 부주의함	<ruby>疎<rt>おろそ</rt></ruby>か
☐	376	소홀히 함, 날림으로 함	ぞんざい
☐	377	속이다	<ruby>欺<rt>あざむ</rt></ruby>く
☐	378	속이다, 거짓말하다 *	<ruby>偽<rt>いつわ</rt></ruby>る
☐	379	손꼽히다 *	<ruby>有数<rt>ゆうすう</rt></ruby>だ
☐	380	손듦, 속수무책	お<ruby>手上<rt>て あ</rt></ruby>げ

의미	적중 단어
☐ 381 손상하다, 깨뜨리다 *	損^{そこ}なう
☐ 382 솔선	率先^{そっせん}
☐ 383 솜씨 *	腕前^{うでまえ}
☐ 384 솜씨, 재주 *	手際^{てぎわ}
☐ 385 송구스러워하다, 항복하다	恐^{おそ}れ入^いる
☐ 386 쇄도 *	殺到^{さっとう}
☐ 387 쇠퇴하다, 쓰이지 않게 되다, 유행하지 않게 되다 *	廃^{すた}れる
☐ 388 수단 *	手立^{てだ}て
☐ 389 수많이	幾多^{いくた}
☐ 390 수목 *	樹木^{じゅもく}

人

		의미	적중 단어
☐	391	수색	<ruby>捜索<rt>そうさく</rt></ruby>
☐	392	수시, 그때그때 *	<ruby>随時<rt>ずいじ</rt></ruby>
☐	393	수식	<ruby>修飾<rt>しゅうしょく</rt></ruby>
☐	394	수요 *	<ruby>需要<rt>じゅよう</rt></ruby>
☐	395	수행 *	<ruby>遂行<rt>すいこう</rt></ruby>
☐	396	수행, 연마	<ruby>修行<rt>しゅぎょう</rt></ruby>
☐	397	숙지 *	<ruby>熟知<rt>じゅくち</rt></ruby>
☐	398	순간적으로 번쩍하다, 번뜩이다	<ruby>閃<rt>ひらめ</rt></ruby>く
☐	399	순서	<ruby>手順<rt>てじゅん</rt></ruby>
☐	400	순조롭다, 진척되다	<ruby>捗<rt>はかど</rt></ruby>る

퀴즈1 의미와 적중 단어를 바르게 연결해 보세요.

① 성대하다 ·   · A 盛大だ

② 세심하다 ·   · B 細心だ

③ 손꼽히다 ·   · C 有数だ

퀴즈2 다음 적중 단어의 한자 표기로 올바른 것을 고르세요.

① 소거 しょうきょ   A 消法   B 消去

② 세련됨 いき   A 粋   B 枠

③ 수행 すいこう   A 遂行   B 隊行

JLPT 챌린지

◈ _____의 읽는 법으로 가장 알맞은 것을 1·2·3·4에서 하나 고르세요.

① 尊い命を大切に守ろう。 귀중한 생명을 소중히 지킵시다.

1 あやうい   2 おさない   3 とうとい   4 はかない

◈ _____의 의미와 가장 가까운 것을 1·2·3·4에서 하나 고르세요.

② 家の近くのスーパーが閉店してお手上げだ。
집 근처 슈퍼가 폐점해서 속수무책이다.

1 驚きだ   2 大歓迎だ

3 どうしようもない   4 ぜひ働きたい

3분 퀴즈 챌린지 정답 체크

퀴즈1 ① A ② B ③ C   **퀴즈2** ① B ② A ③ A   **JLPT 챌린지** ① 3 ② 3

오늘의 적중 단어의 의미와 읽는 법을 외워봅시다!

☑ 외운 단어를 셀프 체크해 보세요.

		의미	적중 단어
☐	401	숨기다 *	秘^ひめる
☐	402	쉽다, 용이하다	容^{よう}易^{やす}い
☐	403	스며들다, 물들다, 배다	染^しみる
☐	404	스케일, 규모 *	スケール
☐	405	습기를 띠다, 윤택하다	潤^{うるお}う
☐	406	승낙 *	承^{しょう}諾^{だく}
☐	407	승낙, 양해 *	了^{りょう}承^{しょう}
☐	408	승인	承^{しょう}認^{にん}
☐	409	승진 *	昇^{しょう}進^{しん}
☐	410	시세 *	相^{そう}場^ば

의미	적중 단어
☐ **411** 시정	是正 ぜ せい
☐ **412** 시종, 늘, 언제나	終始 しゅう し
☐ **413** 신속, 재빠름	迅速 じんそく
☐ **414** 실마리 *	手掛かり て が
☐ **415** 실마리, 단서 *	糸口 いとぐち
☐ **416** 실수하다 *	しくじる
☐ **417** 실수하다, 잘못하다	誤る あやま
☐ **418** 실정 *	実情 じつじょう
☐ **419** 싹(변하다) *	がらりと
☐ **420** 쓸쓸하다, 외롭다	侘しい わび

		의미	적중 단어
☐	421	아니꼬움, 같잖음	気障 き ざ
☐	422	아득히, 훨씬	遥か はる
☐	423	아무렇지 않다 ★	無造作だ む ぞう さ
☐	424	악연히, 깜짝	愕然と がく ぜん
☐	425	안도 ★	安堵 あん ど
☐	426	안절부절, 불안한 모양 ★	そわそわ
☐	427	안정 ★	安静 あん せい
☐	428	알리다 ★	報じる ほう
☐	429	알선	斡旋 あっ せん
☐	430	알아들음, 동의	承知 しょう ち

의미	적중 단어
☐ 431 알아차림 *	さっ ち 察知
☐ 432 애가 타다, 답답하다 *	もどかしい
☐ 433 애매	あいまい 曖昧
☐ 434 애착 *	あいちゃく 愛着
☐ 435 약간 *	じゃっかん 若干
☐ 436 약진 *	やくしん 躍進
☐ 437 양보하다 *	ゆず 譲る
☐ 438 양상, 상태 *	ようそう 様相
☐ 439 양육하다, 기르다	やしな 養う
☐ 440 양질, 좋은 성질	りょうしつ 良質

의미	적중 단어
☐ 441 어긋나다 *	食い違う
☐ 442 어리둥절하다, 망설이다	戸惑う
☐ 443 어리석음, 불필요함	愚か
☐ 444 어울리다, 걸맞다	相応しい
☐ 445 어이없다 *	あっけない
☐ 446 어쩐지 기분 나쁨	不気味
☐ 447 억제	抑制
☐ 448 억지로, 굳이 *	しいて
☐ 449 얽히다, 시비 걸다	絡む
☐ 450 엄격하다 *	シビアだ

퀴즈1 의미와 적중 단어를 바르게 연결해 보세요.

① 어이없다 ·   · A あっけない

② 애가 타다 ·   · B しくじる

③ 실수하다 ·   · C もどかしい

퀴즈2 다음 적중 단어의 한자 표기로 올바른 것을 고르세요.

① 안정 あんせい   A 安情   B 安静

② 양보하다 ゆずる   A 譲る   B 謝る

③ 알아차림 さっち   A 祭知   B 察知

JLPT 챌린지

◈ ＿＿＿의 읽는 법으로 가장 알맞은 것을 1·2·3·4에서 하나 고르세요.

① 予期せぬ出来事が起こって、事態は複雑な様相を見せ始めた。

예기치 못한 일이 일어나, 사태는 복잡한 양상을 보이기 시작했다.

1 ようす   2 ようすう   3 ようそ   4 ようそう

◈ ＿＿＿의 의미와 가장 가까운 것을 1·2·3·4에서 하나 고르세요.

② ６時発の飛行機には、若干空席があります。

6시 출발 비행기에는 어느 정도 빈자리가 있습니다.

1 まだ   2 かなり   3 いくつか   4 おそらく

3분 퀴즈 챌린지 정답 체크

퀴즈1 ① A ② C ③ B   **퀴즈2** ① B ② A ③ B   **JLPT 챌린지** ① 4 ② 3

오늘의 적중 단어의 의미와 읽는 법을 외워봅시다!

☑ 외운 단어를 셀프 체크해 보세요.

		의미	적중 단어
☐	451	엄밀	げんみつ 厳密
☐	452	엄숙함	おごそ 厳か
☐	453	엄정하다 *	げんせい 厳正だ
☐	454	엉기게 하다, 한 곳에 집중시키다	こ 凝らす
☐	455	여론	せ ろん 世論
☐	456	여백 *	ブランク
☐	457	여실히 *	にょじつ 如実に
☐	458	역력히 *	ありありと
☐	459	연계, 제휴 *	れんけい 連携
☐	460	연모하다, 그리워하다 *	した 慕う

의미	적중 단어
☐ 461 연주하다	<ruby>奏<rt>かな</rt></ruby>でる
☐ 462 열람 *	<ruby>閲覧<rt>えつらん</rt></ruby>
☐ 463 열중하다 *	<ruby>打<rt>う</rt></ruby>ち<ruby>込<rt>こ</rt></ruby>む
☐ 464 열탕, 뜨거운 물	<ruby>熱湯<rt>ねっとう</rt></ruby>
☐ 465 염두 *	<ruby>念頭<rt>ねんとう</rt></ruby>
☐ 466 염원, 소원 *	<ruby>念願<rt>ねんがん</rt></ruby>
☐ 467 염증이 생기다, 물들다	<ruby>気触<rt>かぶ</rt></ruby>れる
☐ 468 예상, 전망 *	<ruby>見込<rt>みこ</rt></ruby>み
☐ 469 예상대로 *	<ruby>案<rt>あん</rt></ruby>の<ruby>定<rt>じょう</rt></ruby>
☐ 470 예측 *	<ruby>予断<rt>よだん</rt></ruby>

		의미	적중 단어
☐	471	오로지, 한결같이	<ruby>一<rt>ひと</rt></ruby><ruby>筋<rt>すじ</rt></ruby>に
☐	472	오로지, 한결같이	<ruby>専<rt>もっぱ</rt></ruby>ら
☐	473	옥신각신하다	<ruby>揉<rt>も</rt></ruby>める
☐	474	온화하다 *	<ruby>温<rt>おん</rt></ruby><ruby>和<rt>わ</rt></ruby>だ
☐	475	온화한 *	<ruby>穏<rt>おだ</rt></ruby>やかだ
☐	476	온후, 온화함	<ruby>温<rt>おん</rt></ruby><ruby>厚<rt>こう</rt></ruby>
☐	477	완강히 버티다	<ruby>踏<rt>ふ</rt></ruby>ん<ruby>張<rt>ば</rt></ruby>る
☐	478	완고하다 *	<ruby>頑<rt>がん</rt></ruby><ruby>固<rt>こ</rt></ruby>だ
☐	479	완곡	<ruby>婉<rt>えん</rt></ruby><ruby>曲<rt>きょく</rt></ruby>
☐	480	완화 *	<ruby>緩<rt>かん</rt></ruby><ruby>和<rt>わ</rt></ruby>

의미	적중 단어
☐ 481 요청 *	ようせい 要請
☐ 482 용감하다, 활발하다 *	ゆうかん 勇敢だ
☐ 483 용서함	かんべん 勘弁
☐ 484 우기다 *	い は 言い張る
☐ 485 우러러보다	あお 仰ぐ
☐ 486 우울	ゆううつ 憂鬱
☐ 487 우위 *	ゆう い 優位
☐ 488 운반	うんぱん 運搬
☐ 489 울리다, 여운을 남기다	ひび 響く
☐ 490 원활	えんかつ 円滑

의미	적중 단어
☐ 491 위로하다 *	<ruby>慰<rt>なぐさ</rt></ruby>める
☐ 492 위조	<ruby>偽造<rt>ぎ ぞう</rt></ruby>
☐ 493 위태로워하다, 걱정하다, 의심하다	<ruby>危<rt>あや</rt></ruby>ぶむ
☐ 494 위해	<ruby>危害<rt>き がい</rt></ruby>
☐ 495 위험 *	リスク
☐ 496 유명하다	<ruby>名高<rt>な だか</rt></ruby>い
☐ 497 유사	<ruby>類似<rt>るい じ</rt></ruby>
☐ 498 유서, 내력 *	<ruby>由緒<rt>ゆいしょ</rt></ruby>
☐ 499 유연하다	<ruby>柔軟<rt>じゅうなん</rt></ruby>だ
☐ 500 유추	<ruby>類推<rt>るいすい</rt></ruby>

퀴즈1 의미와 적중 단어를 바르게 연결해 보세요.

① 우위 ・ ・ A 連携(れんけい)

② 완곡 ・ ・ B 婉曲(えんきょく)

③ 연계 ・ ・ C 優位(ゆうい)

퀴즈2 다음 적중 단어의 한자 표기로 올바른 것을 고르세요.

① 완고하다 がんこだ A 頑固だ B 頑古だ

② 유사 るいじ A 類以 B 類似

③ 완화 かんわ A 緩和 B 暖和

JLPT 챌린지

◈ _____의 읽는 법으로 가장 알맞은 것을 1·2·3·4에서 하나 고르세요.

① この手紙は、私の心を慰めてくれた。

이 편지는 나의 마음을 위로해 주었다.

1 あらためて 2 とどめて 3 なぐさめて 4 なだめて

◈ _____의 의미와 가장 가까운 것을 1·2·3·4에서 하나 고르세요.

② 新しい事業を始めるときには、リスクを伴う。

새로운 사업을 시작할 때는 위험을 수반한다.

1 利益 2 変化 3 危険 4 反論

3분 퀴즈 챌린지 정답 체크

퀴즈1 ① C ② B ③ A **퀴즈2** ① A ② B ③ A **JLPT 챌린지** ① 3 ② 3

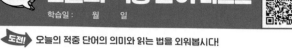
도전! 오늘의 적중 단어의 의미와 읽는 법을 외워봅시다!

☑ 외운 단어를 셀프 체크해 보세요.

		의미	적중 단어
☐	501	윤택하게 하다 *	うるお 潤す
☐	502	융자	ゆう し 融資
☐	503	융통, 융통성	ゆうずう 融通
☐	504	은거	いんきょ 隠居
☐	505	음미, 검토	ぎん み 吟味
☐	506	음울하다, 성가시다	うっとうしい
☐	507	응축 *	ぎょうしゅく 凝縮
☐	508	의심스럽다 *	ふ しん 不審だ
☐	509	의욕 *	い き ご 意気込み
☐	510	의지하다 *	もたれる

	의미	적중 단어
☐ 511	이력 ★	<ruby>履歴<rt>り れき</rt></ruby>
☐ 512	이르다, 달하다, 미치다	<ruby>及<rt>およ</rt></ruby>ぶ
☐ 513	이윤	<ruby>利潤<rt>り じゅん</rt></ruby>
☐ 514	이익 ★	<ruby>利益<rt>り えき</rt></ruby>
☐ 515	이제 와서 ★	<ruby>今更<rt>いまさら</rt></ruby>
☐ 516	이치, 조리, 계산	<ruby>辻褄<rt>つじつま</rt></ruby>
☐ 517	익명	<ruby>匿名<rt>とくめい</rt></ruby>
☐ 518	인내 ★	<ruby>忍耐<rt>にんたい</rt></ruby>
☐ 519	인맥 ★	<ruby>人脈<rt>じんみゃく</rt></ruby>
☐ 520	인솔하다, 거느리다	<ruby>率<rt>ひき</rt></ruby>いる

		의미	적중 단어
☐	521	인파 *	<ruby>人<rt>ひと</rt></ruby><ruby>出<rt>で</rt></ruby>
☐	522	일단, 하여튼 *	ひとまず
☐	523	일률 *	<ruby>一律<rt>いちりつ</rt></ruby>
☐	524	일률적으로, 일괄적으로	<ruby>一概<rt>いちがい</rt></ruby>に
☐	525	일부러, 굳이, 그다지	<ruby>敢<rt>あ</rt></ruby>えて
☐	526	일임 *	<ruby>一任<rt>いちにん</rt></ruby>
☐	527	일정하게 *	コンスタントに
☐	528	일치하다 *	<ruby>噛<rt>か</rt></ruby>み<ruby>合<rt>あ</rt></ruby>う
☐	529	일탈 *	<ruby>逸脱<rt>いつだつ</rt></ruby>
☐	530	일환, 꾸준히 *	<ruby>一環<rt>いっかん</rt></ruby>

		의미	적중 단어
☐	531	임시	臨時 りん じ
☐	532	임하다, 향하다, 면하다 ★	臨む のぞ
☐	533	입수 ★	入手 にゅうしゅ
☐	534	자르다, 끊다	断つ た
☐	535	자백	白状 はくじょう
☐	536	자숙 ★	自粛 じ しゅく
☐	537	자존심 ★	自尊心 じ そんしん
☐	538	자청하다, 신고하다	申し出る もう で
☐	539	자취, 흔적	名残 な ごり
☐	540	작동 ★	作動 さ どう

자

		의미	적중 단어
☐	541	잔혹, 참혹함	残酷 ざんこく
☐	542	잠깐 동안, 순간	束の間 つか ま
☐	543	잠수	潜水 せんすい
☐	544	잠수하다, 잠입하다, 기어들다	潜る もぐ
☐	545	장대하다, 웅대하다 *	壮大だ そうだい
☐	546	장려	奨励 しょうれい
☐	547	재빠르다	素早い す ばや
☐	548	재수생, 백수	浪人 ろうにん
☐	549	재촉하다 *	せかす
☐	550	저리다 *	しびれる

퀴즈1 의미와 적중 단어를 바르게 연결해 보세요.

① 인내 ・　　　　　　　　・ A 自粛

② 자숙 ・　　　　　　　　・ B 忍耐

③ 자취 ・　　　　　　　　・ C 名残

퀴즈2 다음 적중 단어의 한자 표기로 올바른 것을 고르세요.

① 음미 ぎんみ　　　　　　A 吟味　　　B 今味

② 일률 いちりつ　　　　　A 一律　　　B 一建

③ 이제 와서 いまさら　　A 今便　　　B 今更

JLPT 챌린지

◆ _____의 읽는 법으로 가장 알맞은 것을 1・2・3・4에서 하나 고르세요.

① サイトの履歴は残っていなかった。　사이트의 이력은 남아있지 않았다.

1 らりき　　　2 りれき　　　3 ふうれき　　　4 ふくれき

◆ _____의 의미와 가장 가까운 것을 1・2・3・4에서 하나 고르세요.

② 目撃者の証言には不審な点があった。
목격자의 증언에는 의심스러운 점이 있었다.

1 でたらめな　　2 頼りない　　3 怪しい　　4 あいまいな

3분 퀴즈 챌린지 정답 체크

퀴즈1 ① B ② A ③ C　　**퀴즈2** ① A ② A ③ B　　**JLPT 챌린지** ① 2 ② 3

도전! 오늘의 적중 단어의 의미와 읽는 법을 외워봅시다!

☑ 외운 단어를 셀프 체크해 보세요.

		의미	적중 단어
☐	551	저미, 침체 상태	<ruby>低迷<rt>ていめい</rt></ruby>
☐	552	저절로 *	おのずと
☐	553	저지	<ruby>阻止<rt>そ し</rt></ruby>
☐	554	저지하다 *	<ruby>食<rt>く</rt></ruby>い<ruby>止<rt>と</rt></ruby>める
☐	555	저지하다, 거부하다 *	<ruby>拒<rt>こば</rt></ruby>む
☐	556	적극적, 앞을 향함	<ruby>前向<rt>まえ む</rt></ruby>き
☐	557	적의, 적당	<ruby>適宜<rt>てき ぎ</rt></ruby>
☐	558	전부, 모두, 모조리 *	ことごとく
☐	559	전속력으로 달리다	<ruby>駆<rt>か</rt></ruby>ける
☐	560	전승	<ruby>伝承<rt>でんしょう</rt></ruby>

음원을 들으며 따라 읽어 보세요.

		의미	적중 단어
☐	561	전쾌, 완쾌	ぜんかい 全快
☐	562	절대적이다 *	ぜったい 絶対だ
☐	563	절충	せっちゅう 折衷
☐	564	점령	せんりょう 占領
☐	565	정도	か げん 加減
☐	566	정밀	せいみつ 精密
☐	567	정서	じょうちょ 情緒
☐	568	정신 나가다, 시치미 떼다	とぼ 惚ける
☐	569	정체	ていたい 停滞
☐	570	정취, 느낌, 취지	おもむき 趣

ㅈ

		의미	적중 단어
☐	571	제기 *	<ruby>提<rt>てい</rt></ruby><ruby>起<rt>き</rt></ruby>
☐	572	제대로	<ruby>碌<rt>ろく</rt></ruby>に
☐	573	조달 *	<ruby>調<rt>ちょう</rt></ruby><ruby>達<rt>たつ</rt></ruby>
☐	574	조달하다, 꾸려 가다	<ruby>賄<rt>まかな</rt></ruby>う
☐	575	조심성 없다 *	<ruby>不<rt>ふ</rt></ruby><ruby>用<rt>よう</rt></ruby><ruby>意<rt>い</rt></ruby>だ
☐	576	조짐, 징조 *	<ruby>兆<rt>きざ</rt></ruby>し
☐	577	조회 *	<ruby>照<rt>しょう</rt></ruby><ruby>会<rt>かい</rt></ruby>
☐	578	존속 *	<ruby>存<rt>そん</rt></ruby><ruby>続<rt>ぞく</rt></ruby>
☐	579	종래 *	<ruby>従<rt>じゅう</rt></ruby><ruby>来<rt>らい</rt></ruby>
☐	580	종사 *	<ruby>従<rt>じゅう</rt></ruby><ruby>事<rt>じ</rt></ruby>

		의미	적중 단어
☐	581	종합, 총합 ★	<ruby>総合<rt>そうごう</rt></ruby>
☐	582	주문하다, 맞추다	<ruby>誂<rt>あつら</rt></ruby>える
☐	583	주뼛주뼛, 자신이 없어서 침착하지 못한 모양	おどおど
☐	584	중단되다, 도중에 끊기다	<ruby>途切<rt>とぎ</rt></ruby>れる
☐	585	중단하다, 자르다	<ruby>打<rt>う</rt></ruby>ち<ruby>切<rt>き</rt></ruby>る
☐	586	중복 ★	<ruby>重複<rt>じゅうふく</rt></ruby>(=ちょうふく)
☐	587	중얼거리다, 투덜대다	<ruby>呟<rt>つぶや</rt></ruby>く
☐	588	중요하다 ★	<ruby>肝心<rt>かんじん</rt></ruby>だ
☐	589	중재 ★	<ruby>仲裁<rt>ちゅうさい</rt></ruby>
☐	590	중재, 재판	<ruby>裁<rt>さば</rt></ruby>き

		의미	적중 단어
☐	591	중재하다, 재판하다	裁く
☐	592	중점, 무게 ★	ウェイト
☐	593	중추 ★	中枢
☐	594	즉	即ち
☐	595	지극히, 매우 ★	極めて
☐	596	지시, 지휘 ★	指図
☐	597	지장 ★	支障
☐	598	지체되다, 밀리다 ★	滞る
☐	599	지치다 ★	ばてる
☐	600	지혜	知恵

퀴즈1 의미와 적중 단어를 바르게 연결해 보세요.

① 정취 ·   · A ことごとく

② 전부 ·   · B 中枢

③ 중추 ·   · C 趣

퀴즈2 다음 적중 단어의 한자 표기로 올바른 것을 고르세요.

① 지체되다 とどこおる   A 帯る   B 滞る

② 저미 ていめい   A 低迷   B 低謎

③ 조짐 きざし   A 逃し   B 兆し

JLPT 챌린지

◈ ( )에 들어갈 가장 알맞은 것을 1·2·3·4에서 하나 고르세요.

① 当事者間では紛争が解決できず、第三者が( )に入った。

당사자끼리 분쟁이 해결되지 않아 제삼자가 중재에 들어갔다.

1 代行   2 仲裁   3 交渉   4 媒介

◈ _____의 의미와 가장 가까운 것을 1·2·3·4에서 하나 고르세요.

② 何時間もグラウンドで練習していたので、ばててしまった。

몇 시간이나 운동장에서 연습해서 지쳐버렸다.

1 疲れて   2 飽きて

3 のどが渇いて   4 おなかがすい

3분 퀴즈 챌린지 정답 체크

퀴즈1 ① C ② A ③ B   **퀴즈2** ① B ② A ③ B   **JLPT 챌린지** ① 2 ② 1

오늘의 적중 단어의 의미와 읽는 법을 외워봅시다!

☑ 외운 단어를 셀프 체크해 보세요.

		의미	적중 단어
☐	601	직업, 장사, 생업	<ruby>稼<rt>か</rt></ruby><ruby>業<rt>ぎょう</rt></ruby>
☐	602	직접 다루다, 보살피다	<ruby>手<rt>て</rt></ruby><ruby>掛<rt>が</rt></ruby>ける
☐	603	진상	<ruby>真<rt>しん</rt></ruby><ruby>相<rt>そう</rt></ruby>
☐	604	진열 *	<ruby>陳<rt>ちん</rt></ruby><ruby>列<rt>れつ</rt></ruby>
☐	605	진작부터 *	かねがね
☐	606	진하지 않다 *	<ruby>淡<rt>あわ</rt></ruby>い
☐	607	질리다	<ruby>懲<rt>こ</rt></ruby>りる
☐	608	질림, 손듦, 항복 *	<ruby>閉<rt>へい</rt></ruby><ruby>口<rt>こう</rt></ruby>
☐	609	질투	<ruby>嫉<rt>しっ</rt></ruby><ruby>妬<rt>と</rt></ruby>
☐	610	짊어지다, 메다 *	<ruby>担<rt>にな</rt></ruby>う

음원을 들으며 따라 읽어 보세요.

		의미	적중 단어
☐	611	짐작 가는 데 *	<ruby>心<rt>こころ</rt></ruby><ruby>当<rt>あ</rt></ruby>たり
☐	612	징수	<ruby>徴収<rt>ちょうしゅう</rt></ruby>
☐	613	짜다, 다듬다 *	<ruby>練<rt>ね</rt></ruby>る
☐	614	쫓아내다	<ruby>追<rt>お</rt></ruby>い<ruby>出<rt>だ</rt></ruby>す
☐	615	찢다, 쪼개다	<ruby>裂<rt>さ</rt></ruby>く
☐	616	차단 *	<ruby>遮断<rt>しゃだん</rt></ruby>
☐	617	차단하다 *	<ruby>遮<rt>さえぎ</rt></ruby>る
☐	618	착각 *	<ruby>勘違<rt>かんちが</rt></ruby>い
☐	619	착각 *	<ruby>錯覚<rt>さっかく</rt></ruby>
☐	620	착수하다 *	<ruby>乗<rt>の</rt></ruby>り<ruby>出<rt>だ</rt></ruby>す

ち

		의미	적중 단어
☐	621	찬양하다, 칭송하다	<ruby>称<rt>たた</rt></ruby>える
☐	622	참신	<ruby>斬新<rt>ざんしん</rt></ruby>
☐	623	처음 듣는 일	<ruby>初耳<rt>はつみみ</rt></ruby>
☐	624	처음부터 다시 함	<ruby>出直<rt>でなお</rt></ruby>し
☐	625	처치, 조치 ★	<ruby>処置<rt>しょち</rt></ruby>
☐	626	척척, 일을 잘 해내는 모양 ★	てきぱき
☐	627	천진난만하다 ★	あどけない
☐	628	천진난만함	<ruby>無邪気<rt>むじゃき</rt></ruby>
☐	629	철야, 밤새움	<ruby>徹夜<rt>てつや</rt></ruby>
☐	630	철저	<ruby>徹底<rt>てってい</rt></ruby>

의미	적중 단어
☐ 631 철회 *	てっかい 撤回
☐ 632 첨부 *	てんぷ 添付
☐ 633 체재, 외관, 형식	ていさい 体裁
☐ 634 체재, 체류	たいざい 滞在
☐ 635 초라하다, 빈약하다	み すぼ 見窄らしい
☐ 636 초점 *	ピント
☐ 637 촉발, 자극 *	しょくはつ 触発
☐ 638 촉진	そくしん 促進
☐ 639 추궁	ついきゅう 追及
☐ 640 추락	ついらく 墜落

츠

		의미	적중 단어
☐	641	추리 *	<ruby>推理<rt>すい り</rt></ruby>
☐	642	추방	<ruby>追放<rt>ついほう</rt></ruby>
☐	643	추상	<ruby>抽象<rt>ちゅうしょう</rt></ruby>
☐	644	축축, 습기가 많은 모양	じめじめ
☐	645	출하 *	<ruby>出荷<rt>しゅっ か</rt></ruby>
☐	646	충고 *	<ruby>忠告<rt>ちゅうこく</rt></ruby>
☐	647	충분히 갖추지 않음	<ruby>不備<rt>ふ び</rt></ruby>
☐	648	충실하다 *	<ruby>忠実<rt>ちゅうじつ</rt></ruby>だ
☐	649	취지 *	<ruby>趣旨<rt>しゅ し</rt></ruby>
☐	650	치우치다 *	<ruby>偏<rt>かたよ</rt></ruby>る

퀴즈1 의미와 적중 단어를 바르게 연결해 보세요.

① 착수하다 ・　　　　　・ A 乗り出す

② 치우치다 ・　　　　　・ B 見窄らしい

③ 초라하다 ・　　　　　・ C 偏る

퀴즈2 다음 적중 단어의 한자 표기로 올바른 것을 고르세요.

① 차단하다 さえぎる　　　A 渡る　　　B 遮る

② 출하 しゅっか　　　　A 出荷　　　B 出何

③ 철회 てっかい　　　　A 撤回　　　B 轍回

JLPT 챌린지　_____의 의미와 가장 가까운 것을 1・2・3・4에서 하나 고르세요.

① 友人に触発されて、事業を始めた。

친구에게 자극받아서 사업을 시작했다.

1 誘われて　　　2 提案されて　　　3 助けられて　　　4 刺激されて

② 鈴木さんには、かねがねお目にかかりたいと思っておりました。

스즈키 씨는 전부터 만나 뵙고 싶었습니다.

1 できれば　　　2 以前から　　　3 ぜひ　　　4 早いうちに

3분 퀴즈 챌린지 정답 체크

퀴즈1 ①A②C③B　　퀴즈2 ①B②A③A　　JLPT 챌린지 ①4②2

학습일 :　　월　　일

 오늘의 적중 단어의 의미와 읽는 법을 외워봅시다!

☑ 외운 단어를 셀프 체크해 보세요.

		의미	적중 단어
☐	651	치유되다, 힐링되다	癒される
☐	652	치장하다	着飾る
☐	653	치켜세우다, 부추기다	煽てる
☐	654	침착하여 성미가 느림	悠長
☐	655	침하 *	沈下
☐	656	커리어, 경력 *	キャリア
☐	657	콘트라스트, 대비 *	コントラスト
☐	658	큰 소리로 외치다, 주장하다 *	唱える
☐	659	클레임, 불평 *	クレーム
☐	660	타개 *	打開

음원을 들으며 따라 읽어 보세요.

의미	적중 단어
☐ 661 타격	<ruby>打<rt>だ</rt></ruby><ruby>撃<rt>げき</rt></ruby> 打撃
☐ 662 타결	<ruby>妥<rt>だ</rt></ruby><ruby>結<rt>けつ</rt></ruby> 妥結
☐ 663 타진 *	<ruby>打<rt>だ</rt></ruby><ruby>診<rt>しん</rt></ruby> 打診
☐ 664 타협 *	<ruby>妥<rt>だ</rt></ruby><ruby>協<rt>きょう</rt></ruby> 妥協
☐ 665 탁함, 더러움	<ruby>濁<rt>にご</rt></ruby>り 濁り
☐ 666 탈퇴	<ruby>脱<rt>だっ</rt></ruby><ruby>退<rt>たい</rt></ruby> 脱退
☐ 667 탑승	<ruby>搭<rt>とう</rt></ruby><ruby>乗<rt>じょう</rt></ruby> 搭乗
☐ 668 탑재	<ruby>搭<rt>とう</rt></ruby><ruby>載<rt>さい</rt></ruby> 搭載
☐ 669 태만	<ruby>怠<rt>たい</rt></ruby><ruby>慢<rt>まん</rt></ruby> 怠慢
☐ 670 테두리, 범위, 틀 *	<ruby>枠<rt>わく</rt></ruby> 枠

E

의미	적중 단어
☐ 671 통감	痛感 つうかん
☐ 672 통절	痛切 つうせつ
☐ 673 특히, 유난히	取り分け と わ
☐ 674 틀림없다	紛れもない まぎ
☐ 675 틀림없이 ★	てっきり
☐ 676 틈, 짬, 휴가	暇 いとま
☐ 677 파견	派遣 は けん
☐ 678 파고들다 ★	食い込む く こ
☐ 679 파기	破棄 は き
☐ 680 파생 ★	派生 は せい

		의미	적중 단어
☐	681	파손 *	は そん 破損
☐	682	파악 *	は あく 把握
☐	683	파열	は れつ 破裂
☐	684	패배	はいぼく 敗北
☐	685	팽팽함, 맞버팀 *	きっこう 拮抗
☐	686	편리함, 소중히 여김 *	ちょうほう 重宝
☐	687	평범함, 진부함	つきなみ 月並
☐	688	평상시, 늘	ひ ごろ 日頃
☐	689	평평하다, 평탄하다	ひら 平たい
☐	690	폐기	はい き 廃棄

		의미	적중 단어
☐	691	폐쇄	へい さ 閉鎖
☐	692	포부 *	ほう ふ 抱負
☐	693	폭넓다 *	はばひろ 幅広い
☐	694	폭로 *	ばく ろ 暴露
☐	695	풀리다 *	ほど 解ける
☐	696	풍습 *	ふうしゅう 風習
☐	697	프라이드, 자존심 *	プライド
☐	698	피로, 공표, 보여줌	ひ ろう 披露
☐	699	한데 묶다, 통솔하다	たば 束ねる
☐	700	한심스럽다, 비열하다	あさ 浅ましい

3분 퀴즈 챌린지

학습일 :   월   일

맞은 개수   개/8개

퀴즈1 의미와 적중 단어를 바르게 연결해 보세요.

① 타진 ·   · A 破棄(は き)

② 폭로 ·   · B 打診(だ しん)

③ 파기 ·   · C 暴露(ばく ろ)

퀴즈2 다음 적중 단어의 한자 표기로 올바른 것을 고르세요.

① 큰소리로 외치다 となえる   A 唱える   B 唄える

② 풍습 ふうしゅう   A 風習   B 嵐習

③ 파악 はあく   A 把握   B 把屋

JLPT 챌린지 _____의 읽는 법으로 가장 알맞은 것을 1·2·3·4에서 하나 고르세요.

① 今年は去年に比べて採用の枠を広げた。

올해는 작년에 비해 채용 범위를 넓혔다.

1 わく   2 いき   3 わな   4 すみ

② 人の不幸を願う心は浅ましいといったらない。

다른 사람의 불행을 바라는 마음은 한심스럽기 짝이 없다.

1 やかましい   2 あさましい   3 いさましい   4 たくましい

3분 퀴즈 챌린지 정답 체크

퀴즈1 ①B②C③A   **퀴즈2** ①A②A③A   **JLPT 챌린지** ①1②2

오늘의 적중 단어의 의미와 읽는 법을 외워봅시다!

☑ 외운 단어를 셀프 체크해 보세요.

		의미	적중 단어
☐	701	한적하다 *	<ruby>閑静<rt>かんせい</rt></ruby>だ
☐	702	한탄하다, 분개하다	<ruby>嘆<rt>なげ</rt></ruby>く
☐	703	핥다, 맛보다, 깔보다	<ruby>嘗<rt>な</rt></ruby>める
☐	704	합병 *	<ruby>合併<rt>がっぺい</rt></ruby>
☐	705	합의 *	<ruby>合意<rt>ごうい</rt></ruby>
☐	706	합창	<ruby>合唱<rt>がっしょう</rt></ruby>
☐	707	합치, 일치 *	<ruby>合致<rt>がっち</rt></ruby>
☐	708	항복	<ruby>降伏<rt>こうふく</rt></ruby>
☐	709	해당 *	<ruby>該当<rt>がいとう</rt></ruby>
☐	710	해명 *	<ruby>解明<rt>かいめい</rt></ruby>

의미	적중 단어
☐ **711** 해명 *	しゃくめい 釈明
☐ **712** 해제 *	かいじょ 解除
☐ **713** 행동	ふる ま 振舞い
☐ **714** 향수, 누림, 향유	きょうじゅ 享受
☐ **715** 향하여 가다, 향하다	おもむ 赴く
☐ **716** 허둥대다 *	うろたえる
☐ **717** 허물이 없다	な　 な 馴れ馴れしい
☐ **718** 허술하다 *	て うす 手薄だ
☐ **719** 허술함	ルーズ
☐ **720** 헐뜯다, 비방하다	けな 貶す

ㅎ

		의미	적중 단어
☐	721	헤아리다 *	<ruby>察<rt>さっ</rt></ruby>する
☐	722	헷갈리다 *	<ruby>紛<rt>まぎ</rt></ruby>れる
☐	723	호감가다, 흐뭇하다	<ruby>微笑<rt>ほほえ</rt></ruby>ましい
☐	724	호되다, 심하다 *	<ruby>手痛<rt>ていた</rt></ruby>い
☐	725	호쾌하다 *	<ruby>豪快<rt>ごうかい</rt></ruby>だ
☐	726	혼동하기 쉽다 *	<ruby>紛<rt>まぎ</rt></ruby>らわしい
☐	727	혼란되다, 현혹되다	<ruby>惑<rt>まど</rt></ruby>わされる
☐	728	혼잡, 붐빔 *	<ruby>雑踏<rt>ざっとう</rt></ruby>
☐	729	화려함	<ruby>華<rt>はな</rt></ruby>やか
☐	730	환기	<ruby>喚起<rt>かんき</rt></ruby>

의미	적중 단어
☐ 731 환산	かんさん 換算
☐ 732 환원 *	かんげん 還元
☐ 733 활기차다, 번성하다 *	にぎ 賑わう
☐ 734 회고, 회상 *	かい こ 回顧
☐ 735 회복하다 *	と もど 取り戻す
☐ 736 회상 *	かいそう 回想
☐ 737 회전, 순례 *	めぐ 巡り
☐ 738 획일적이다 *	かくいつてき 画一的だ
☐ 739 훈계하다 *	いまし 戒める
☐ 740 훨씬 전에 *	とっくに

ㅎ

		의미	적중 단어
☐	741	흉잡히다 *	けなされる
☐	742	흐릿하게 보이다	霞む
☐	743	흔들리다 *	揺らぐ
☐	744	흔하다 *	ありふれる
☐	745	흘러나오게 하다, 누설하다	漏らす
☐	746	흥분 *	興奮
☐	747	흩어 뿌리다	ばらまく
☐	748	희미하게, 어렴풋이 *	うすうす
☐	749	힘껏, 최대한 *	極力
☐	750	힘쓰다 *	励む

퀴즈1 의미와 적중 단어를 바르게 연결해 보세요.

① 해제 ·   · A 解除

② 합의 ·   · B 合意

③ 순례 ·   · C 巡り

퀴즈2 다음 적중 단어의 한자 표기로 올바른 것을 고르세요.

① 회고 かいこ   A 回雇   B 回顧

② 호쾌하다 ごうかいだ   A 豪解だ   B 豪快だ

③ 힘쓰다 はげむ   A 励む   B 権む

JLPT 챌린지 _____의 의미와 가장 알맞은 것을 1·2·3·4에서 하나 고르세요.

① 山本さんはお金に関してルーズな人だ。

야마모토 씨는 돈에 관해 허술한 사람이다.

1 けちな   2 だらしない   3 無関心な   4 厳しい

② 無駄な経費は極力減らそう。 쓸데없는 경비는 최대한 줄이자.

1 できるだけ   2 大幅に   3 一気に   4 思い切って

3분 퀴즈 챌린지 정답 체크

퀴즈1 ①A②B③C   **퀴즈2** ①B②B③A   **JLPT 챌린지** ①2②1

MEMO

MEMO